아이들에게 들려주는
선사시대 이야기

장 클로트

김교신 옮김

東 文 選

아이들에게 들려주는 선사시대 이야기

Jean Clottes

La Préhistoire expliquée à mes
petits−enfants

© Éditions du Seuil, 2002

This edition was published by arrangement
with Éditions du Seuil, Paris
through BF Agency, Seoul

서 문

　대개 모든 연령대의 아이들은 선사시대에 관심이 많다. 개중에는 선사시대에 몰두하는 아이도 있으며, 그러다가 고고학자의 자질을 갖게 되기도 한다. 대개 이 자질은 아이의 자질이 견디는 것만 견딘다. 하지만 때로는 점점 더 커지는 경우도 있다. 선사시대는 꿈꾸게 한다. 우리는 선사시대가 시간 속에서 어디에 위치하는지 잘 모른다. 우리와 너무 멀기도 하고 가깝기도 하다. 동굴의 모습들은 닻을 내리는 지점을 형성한다. 깊은 동굴의 미스터리가 우리의 마음을 끄는 만큼 우리가 상상하는 삶에는 상투적이 것들이 없지 않다.

　나는 일곱 명의 손자들에게 그들이 선사시대에 관해 알고 있는 것과 알고 싶은 것, 질문들을 적게 했다. 나는 아이들에게 친구들과——어른들과 말고——그것들에 관해 토론해 보고, 친구들의 의견과 질문을 종이에 적어 오도록 했다. 이 작업을 할 때 아이들의 나이는 6세(샤를)에서

16세(장)까지 다양했다.

그들은 내게 1백60개의 질문들을 보내왔다. 가장 어린 세 녀석들(6, 8, 10세)이 1백50개의 질문과 함께 가장 큰 호기심을 보였고, 가장 말들이 많았다. 어떤 질문들은 서로 일치했다. 다른 질문들은 나를 놀라게 했다. 결론적으로 말해 그 질문들은 다양한 각도에서 주제를 잘 담고 있었고, 그것들은 5개의 큰 주제로 다시 뭉쳐졌다. 시대와 인간, 선사시대의 세상, 생활 방식(단연 가장 큰 호기심을 불러일으킨 주제다), 선사시대 사회 체계, 사고 방식이 그것이다. 그리고 그것이 내가 채택한 구상이 됐다. 우리는 이 문제들에 관해 토론했으며, 몇몇 질문들은 또 다른 질문들을 끌어냈다. 나는 몇 가지 잊어버린 것들을 채워넣었고, 질문들을 일관성 있게 정리했다. 원고를 작성한 다음에는 아이들에게 보여 줘서 그것이 그들의 기대에 부응하는지를 확인했다. 그들의 대답 덕에 나는 몇 가지 문제점을 파악할 수 있었고, 다른 문제점들도 다룰 수 있었다.

선사시대에 관한 샤를의 지적들은 확실한 지식들과 기이하고 옳지 않고 상투적인 생각들이 마구 뒤섞여 있음을 보여 주고 있는데, 이는 아이들에게만 해당되는 이야기가 아니다. 우리는 거기서 또 지금 우리가 사는 세상과 우리의 먼 조상들이 산 세상 사이의 직접적인 관계에 대한 탐구도 발견했다. 여기 그가 내게 한 말을 그대로 소개한다.

"처음에는 털이 많이 난 원숭이들이었어요. 그 다음에는 털이 다 빠지고 선사시대 사람이 됐어요. 아이들은 학교에 가지 않았어요. 선사시대 사람들은 창과 활로 죽인 동물들을 잡아먹었어요. 강물을 마셨죠. 두 개의 돌멩이를 아주 세게 부딪쳐서 불을 피웠어요. 동굴에서 살았고, 도시는 없었어요. 이동할 때는 걸었고, 자동차는 없었어요. 옷을 파는 가게가 없었기 때문에 여자들이 동물(매머드)의 가죽으로 옷을 만들었어요. 약간의 장식을 위해 동굴 안에 그림을 그렸죠."

이제 아이들의 질문에서 출발하여 실제로는 어땠는지를 살펴보기로 하자.

차 례

선사시대와 인간

11

그들은 어떤 세상에서 살았나?

27

그들은 어떻게 살았나?

41

그들은 어떤 체계를 갖추었나?

71

그들은 어떻게 생각했나?

85

선사시대와 인간

Q 할아버지, 우리는 왜 '선사시대'의 인간들에 관해 이야기하는 거죠? 그런데 그게 정확히 무슨 뜻이에요?

역사 이전, 다시 말해 문자가 발명되기 이전에 살았던 모든 사람을 그렇게 부른단다. 비교적 '최근의' 인류 집단은 '원사시대(선사시대와 역사시대의 중간 시대)'를 살았다고 말하지. 그들 자신도 문자는 없었지만 다른 문화의 문서들을 통해 우리에게 알려졌지.

Q 그렇다면 선사시대는 언제 시작했고, 얼마 동안 지속됐나요?

정확한 연대를 제시할 수는 없단다. 인간이 세계 무대에 어느 날 갑자기 등장하지는 않았거든. 우리는 수백만

년——우리 인간의 경우 말이다——으로 추정되는 긴,
아주 긴 진화 속에 자리하고 있지.

Q 그럼 공룡은요?

공룡은 인간이 나타나기 수천만 년 전에 지구상에 살았
어. 공룡에 대해선 더 말하지 않을 거야. 공룡은 우리 인
간의 역사에 속하지 않으니까 말이다.

Q 할아버지, 최초의 인간에 관해 말씀해 주세요. 원
숭이가 어떻게 사람이 됐죠? 어디에 처음 나타났죠?

가장 오래된 인류는 아프리카에서 발견됐단다. 그들은
우리가 아는 대로의 원숭이들이 아니었고, 그들의 조상들
도 마찬가지였어. 그러니까 우리는 원숭이에서 사람으로
넘어온 게 아니야. 또는 내 동료들 중 하나가 말하는 것처
럼 우리는 모두 원숭이들이라고 할 수 있지. 아니 그보다
는 우리가 시간 속으로 아주 멀리, 천만 년 전 혹은 그 이
상까지 거슬러 올라가면 우리의 공통된 조상인 영장류를
만날 수 있다고 말해 두자꾸나. 따라서 우리는 침팬지, 고
릴라, 그 중에서도 특히 침팬지와 아주 가까운 사촌들이
야. 우리는 그들의 형제도 후손도 아니지.

Q 선사시대가 그렇게 오랫동안 계속됐다면 작은 기간으로 나눌 수 있겠네요?

그래. 전문가들(우리는 그들을 '선사학자'라고 부르니까 '선사시대인'과 혼동하지 않도록 하렴······)은 선사시대를 무수히 많은 시대로 구분하고 있지. 특히 가장 가까운 시기들의 경우 훨씬 더 다양화돼서 우리의 이해를 돕고 있단다. 이런 구분을 위해 선사학자들은 서로 다른 인간 유형, 그들이 남긴 도구와 무기, 그들의 주거지를 조사해서 알게 된 생활과 환경을 토대로 하고 있지.

Q 할아버지 같은 선사학자들이 그들의 주거지를 조사한다고 하셨는데요. 그들이 어떤 일을 했고, 어떤 체계를 갖추었나 하는 것을 어떻게 알 수 있나요?

조사는 우리들이 하는 연구의 토대란다. 형사들이 하는 작업과 똑같다고 할 수 있지. 우리는 붓과 작은 도구들을 들고, 조사중에 주거 층위에서 발견되는 돌이며, 뼈, 여러 가지 물건들을 하나씩 꺼내지. 그건 매우 세심한 작업이야. 실마리가 되는 것을 그냥 지나쳐서는 안 되니까. 이해를 돕기 위해 우리는 이 모든 것을 가능한 가장 오랜 기간 동안 제자리에 놔두는데, 그건 우리가 그걸 가지고 사진도 찍고 도면도 그리고 표도 만들기 때문이야. 부서진 뼛조각들은 그들이 어떤 동물을 먹었는가를 우리에게 알려 주지. 물건들은 그들의 무기, 도구, 장신구가 어떤 것들이 었는가를 알려 주고.

우리는 또 실험실에서 분석을 함으로써 많은 정보를 얻는단다. 이를테면 석탄을 분석하면 어떤 나무를 땠나 하는 것을 알 수 있어. 토양 견본을 분석하면 어떤 꽃가루가 존재했나, 따라서 주위에 어떤 식물이 자랐고, 그 시대의 기후는 어떠했는가를 알 수 있지. 석탄이나 뼈에서 출발한 방사성 탄소 연대 측정법으로는 그 연대를 파악할 수 있지. 그 다음에는 이 모든 정보를 한데 모아 그 사람들의 시대·활동·생활 방식을 추론해야 돼. 이 일이 쉽지만은 않지만 어쨌든 항상 흥미진진하단다. 원한다면 너희들도 나중에 더 커서 18세가 되면 조사에 참여할 수 있어. 여름에 많은 젊은이들이 그렇게 하고 있지. 그게 최고의 학습 방법이거든. 그리고 그곳은 항상 활기차단다! 자, 그럼 이제는 선사시대 이야기로 돌아가자꾸나…….

Q 네. 할아버지는 시대가 잘게 나누어진다고 말씀하셨는데…….

세부적인 것까지 들어가면 이야기가 너무 길어질 것 같

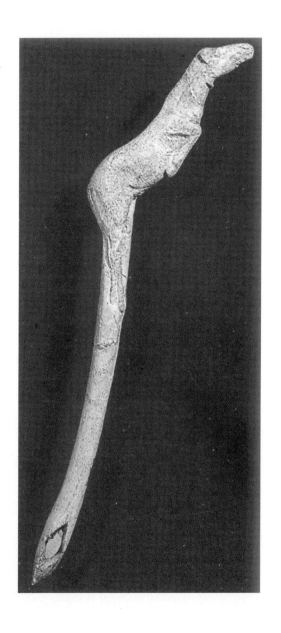

고, 다만 지금부터 3개의 큰 시대를 기억하고 있으렴. 그 시대들이 지속된 기간은 무척 다양하지. 가장 오래된 인류의 시대(수백만 년), 후기 구석기시대라 불리는 시기 동안에 나타난 최초의 현생 인류의 시대(때로는 크로마뇽인이라고 부르지). 그들은 사냥을 하고, 과일을 땄지. 4만 년 전부터 유럽에 나타났고, 아프리카(적어도 12만 년)와 근동(10만 년)에서 더 먼저 등장했지. 2만 년과 3만 년 사이에는 아메리카에, 그리고 5만5천 년에서 6만 년경에는 호주에 정착한 것으로 여겨지는 자들이 그들이란다(그들이 어떻게 했는가는 나중에 보게 될 거야). 유럽에서는 그들을 오리냐시안이라고 부르지.

Q 왜 그렇게 부르는데요?

물론 그들도 그들 자신의 이름을 갖고 있었어. 하지만 그 이름을 가지고서는 식별할 수가 없어. 전통적으로 선사학자들은 특정 문화에 그것이 최초로 발견된 장소의 이름, 또는 가장 잘 나타난 장소의 이름을 붙이지. 마지막 빙하기가 끝나고 시작된 후기 구석기시대를 대강 몇 개의 문화로 구별할 수 있는데, 그게 유럽에서는 이렇게 연결되지. 오리냐시안(4만 년부터 2만8천 년까지), 그라베티안(2만8천 년부터 2만2천 년까지), 솔루트레안(2만2천 년부터

1만8천 년까지), 막달레니안(1만8천 년부터 1만2천 년까지). 그들이 현생 인류이고, 크로마뇽인이야. 우리가 가장 많이 이야기하게 될 인류지. 연대의 숫자는 어림잡은 거란다. 왜냐하면 이 문화들이 지속된 기간의 정확한 선을 그을 수가 없거든. 그래도 오차가 1천 년은 넘지 않아. 이 모든 연대는 예수 그리스도의 탄생 전이 아니라, 현재를 기준으로 몇 년 전인가를 표시한 거란다.

Q 최초의 현생 인류 이후 무슨 일이 일어났죠?

빙하기가 끝나면서 세상이 달라졌어. 지금 우리가 보는 세상이 됐지. 세번째 큰 시기, 최근의 선사시대라고 부를 만한 시기가 시작됐어. 사냥하던 시대는 가고, 신석기와 금속기에 접어들어 사육하고 농사짓는 시대가 시작됐어. 근동에서는 1만 년 또는 1만2천 년부터, 유럽에서는 더 최근에 시작됐단다.

Q 최초의 인류는 왜 아프리카에서 발견됐죠? 할아버지는 앞으로 더 오래된 인류가 발견될 거라고 보시나요?

그건 절대 알 수 없지. 하지만 오늘날 아프리카는 인류의 요람으로 부각되고 있어. 아프리카는 대조되는 풍경들을 간직한 거대한 대륙이야. 아마도 7백만 년 또는 8백만 년 전(이것도 상당히 오래된 거란다!)에 한 무리의 고대 영장류가 약간 고립되어 살았을 것이고, 그들은 이 특별한 환경에서 다른 무리들과는 다르게 적응했을 거야. 따라서 독특하게 진화했겠지. 시간이 흐르면 종들은 변해. 우리는 이것을 돌연변이라 부르지. 이런 돌연변이가 그들에게 이로운 것일 때, 새로운 종은 다른 종들에 비해 유리한 입장에서 영속하게 돼. 만일 반대의 경우라면 돌연변이는 그 종에게 해를 끼치고, 결국 그 종은 사라지고 말지. 우리는 지금 어마어마하게 긴 시간에 대해 말하는 거야. 이 과정이 여러 차례 발생하지.

Q 인류가 몇 번이나 바뀌었나요? 그리고 '우리와 같은' 인류는 언제 나타났나요?

여러 인류가 있었지. 가장 오래된 인류가 오스트랄로피테쿠스로 리키 부부의 발견으로 유명하지(3백20만 년 전). 비록 그들이 이미 직립보행 같은 인간의 특징을 갖고 있었다고는 해도(우리는 그들을 두발 동물이라고 부르지) 이에 대해선 논란이 많고, 그 중 일부가 진짜 인간인지에 대해선 확신하지 못하고 있단다. 실제로 상당히 오래된 이 시기부터 우리의 계통수[생물의 발생과 진화의 관계를 나

무에 비유하여 나타낸 그림)에 많은 가지가 뻗어 나갔음을 확인할 수 있어. 그 중 몇몇 가지들은 대가 이어지지 않았어. 당연히 우리는 그들의 후손이 아니지.

Q 그럼 진짜 인간은 누구죠?

호모 하빌리스는 적어도 2백만 년 전에 인류의 길 안으로 순조롭게 진입했어. 그는 우리와는 상당히 달랐어. 뇌의 부피도 훨씬 작았고, 키와 몸무게도 작았거든. 남자가 평균 1.5미터에 54킬로그램이고, 여자가 1.2미터에 32킬로그램이었으니까. 큰 키들은 아니었지……

Q 호모 하빌리스가 어떻게 됐는지는 모르나요?

조금 전에 내가 사라진 종들에 관해 말했지. 호모 하빌리스가 그 예의 하나야. 그리고 돌연변이로 인해 더 유리한 조건을 갖게 된 다른 인류들이 그들을 계승하게 되지.

그리하여 호모 에렉투스는 1백70만 년 전부터 그 존재가 알려졌어. 그는 호모 하빌리스보다 더 컸고, 매우 건강했어. 뇌의 용량도 커졌어. 1백50만 년 전부터 전세계로 퍼졌지(아메리카와 오스트레일리아만 제외하고). 호모 에렉투스는 최초로 세계를 탐험하고 개척한 위대한 인류였어. 1백만 년도 더 전에 유럽은 호모 에렉투스 또는 호모 에르가스터라 불리는 그의 가까운 친척으로 가득 차게 되지. 전(前)네안데르탈인이라 불리는, 아직 잘 알려지지 않은 인류가 호모 에렉투스를 계승했어. 그들은 호모 에렉투스와 네안데르탈인을 잇는 중개인이었어. 네안데르탈인은 15만 년 전에 그들의 뒤를 이었지. 네안데르탈인은 우리의 가까운 사촌이야. 유럽과 근동에서 발견되지.

마지막으로 현생 인류('우리')는 우리가 확인하였다시피 원래는 아프리카에서 온 게 확실하지만, 점차 네안데르탈인을 밀어내어 3만 년쯤 전에는 완전히 사라지게 만들었지.

Q 현생 인류가 네안데르탈인을 모두 죽여서 그들이 사라진 건가요? 네안데르탈인이 현생 인류와 싸웠나요?

그에 관해서는 아무 증거도 없단다. 다른 집단들 사이에 폭력적인 사고들이 있었다는 견해도 불가능하진 않아. 하지만 분명히 몰살 전쟁이 있었던 건 아니야. 그들은 오히려 점차적으로 사라졌거든.

Q 이 해골들의 나이를 어떻게 알 수 있죠?

거의 항상 그렇듯이 선사시대는 해골이 발견된 곳의 고

고학적 층위나, 함께 있던 물건들을 가지고 연대를 추정한단다. 물건들은 넓은 의미에서 한 시대 혹은 한 문화를 특징짓지. 게다가 주거지나 묘지에서 채취한 견본에서 연대를 알 수 있는 다양한 물리학적 방법들이 존재해. 방사성 탄소 연대 측정법이 가장 널리 알려진 방법이야. 그 방법을 사용하면 대략 4만 년 전까지 알 수 있지. 더 오래된 유물의 경우에는 다른 실험 방법들을 사용한단다.

Q 만일 현생 인류가 아프리카에서 왔다면 모두 피부가 검었나요?

틀림없이 그랬을 게다. 검은 피부색은 지역적 환경에 대한 적응——많은 시간이 걸리는——이지. 우리의 먼 조상들은 흑인들이었단다. 수천 년이라는 시간이 흐르면서 탈색됐지. 다시 말해 짙은 피부색을 잃은 거야. 그건 아프리카보다 햇볕을 훨씬 덜 받는 유럽의 자연 환경 때문이지. 하지만 유럽에 나타난 최초의 현생 인류, 오리나시안이 우리의 피부보다 훨씬 더 구릿빛이었다고 해도 나는 놀라지 않을 거야……

Q 이 인류들 가운데 누가 불을 발명했어요?

불의 발명은 호모 에렉투스 덕에 이루어졌지. 부인할 수 없는, 고의적인 불의 흔적을 발견한 고고학적 층위에 따르면 불의 발명은 약 50만 년 전으로 거슬러 올라간단다. 물론 이보다 더 오래전에 존재한 통제된 불의 흔적을 발견하는 것도 언제나 가능한 일이지.

Q '통제된 불'이 무슨 뜻이죠?

《불의 전쟁》이라는 책과 영화에서 본 것처럼 번개로 인한 자연적인 화재를 이용하고 그 불씨를 소중히 간직하는 것이 아니라, 고의로 불을 피울 수 있는 가능성을 말하는 거야. 호모 에렉투스와 그의 후계자들이 사용한 방법들을 사용하면 대체로 쉽게 불을 붙일 수 있다는 것을 우리도 경험으로 알고 있지. 이를테면 나무 막대기를 나무토막에 대고 아주 빨리 비비거나, 부싯돌을 유황분이 섞인 광물에 비비는 것 말이야.

Q 불의 발명은 그들의 생활을 바꿨겠죠? 익힌 음식을 먹을 수 있게 됐나요?

그렇단다. 하지만 음식을 더 맛있게 먹게 된 것보다는 장기적인 결과가 훨씬 더 중요하지. 불을 통제하게 됨으로써 인간이 세상을 완전히 장악하기 시작했다고까지 말할 수 있거든. 이제부터 인간은 인공적인 수단으로 환경을 지배하게 돼. 사나운 짐승들을 물리치고, 평화롭게 잠을 자게 됐지. 몸을 덥힐 수도 있었고. 곧 그는 온갖 용도로, 이를테면 창끝을 벼릴 때에도 불을 사용하게 되지. 인간은 더 이상 적대적인 환경 속에서 움츠리고 있지 않게 됐단다.

그들은 어떤 세상에서 살았나?

Q 왜 '적대적인 환경'이라고 표현하죠? 자연이 오늘날 우리가 아는 것과 달랐나요?

물론이지. 도시의 문명 속에서 사는 우리에게는 그때의 자연이 지금의 자연과 얼마나 달랐는지 상상하는 것조차 어려운 일이란다. 아주 오래된 시대들은 특히 더 그래. 대부분의 선사시대 기간 동안 인간은 인간의 수가 극도로 적은 세상, 인간이 거의 없는 세상, 대신 동물들이 판치는 세상에서 살았단다. 우리 조상들은 지금의 우리처럼 세상을 지배하지 못했어. 다만 생존했을 뿐이지. 그들의 환경 조건으로 말하면 시대의 기후와 밀접한 관련이 있었지.

Q 기후도 지금과 달랐나요?

기후는 항상 변화했고, 풍경도 기후의 변화에 따라 변했지. 현재 우리는 간빙기라고 부르는 시기에 살고 있어. 왜냐하면 학자들이 약 1백80만 년 전부터 세상은 여러 차례의 빙하기를 겪었다는 것을 증명했거든. 빙하기는 훨씬 더 추웠던 아주 긴 기간을 가리키지. 평균 3°C에서 5°C 낮았는데, 그 차이는 우리가 생각하는 것과는 달리 상당히 크단다. 마지막 빙하 작용은 8만 년에서 8만5천 년 전에 시작되어 약 1만2천 년 전에 멈췄지.

Q 그렇다면 빙하기가 또 올까요?

그럴 가능성이 상당히 높지. 하지만 두려워하지는 말자꾸나. 아마 수천 년은 기다려야 할 테니까. 게다가 그런 일이 발생하더라도 너무나 조금씩 진행되기 때문에 사람들은 알아차리지도 못할 거야. 대규모의 지질학적 현상을 포착하기에 인간의 수명은 턱없이 짧거든.

Q 하지만 요즘 지구의 온난화에 대해 많이 말하잖아요. 그건 지금 벌어지고 있는 일을 깨달은 것 아닌가요?

맞는 말이다. 그리고 그래서 (지질학적 차원에서) 너무나 빠른 현재의 변화가 걱정스러운 거란다. 실제로 상황들은 매우 다양해. 인간의 활동이 기후를 변화시키고, 그 변화가 한 사람이 사는 동안 지각될 만큼 환경에 큰 영향을 미친 것은 세계 역사상 처음이야. 지금까지는 오직 자연만이 자신의 균형을 바꿔 왔고, 그것은 점진적으로 이루어졌지. 그렇기 때문에 가까운 미래에, 세계 각 지역에서 불가피하게 일어날 재앙들을 정확하게 예견하기가 어려운 거야. 어쨌든 모든 나라에서, 모든 대륙에서 인간이 시동을 건 이 해로운 과정을 늦추기 위해 필요한 노력들을 하지 않는다면 그렇게 될 거란 말이지.

Q 달리 말하면 지금은 빙하기의 반대란 말인가요?

맞아. 마지막 빙하기 동안 유럽은 지금의 유럽과는 상당히 달랐지. 북극에서부터 빙원(氷原)이 엄청난 면적을 뒤덮고 있었거든. 스칸디나비아 제국은 몇백 미터의 얼음에 덮여 보이지도 않았어. 네덜란드도 빙하로 뒤덮였고, 일음 망토는 베를린까지 내려갔어. 어마어마한 양의 물이 이렇듯 고정됐기 때문에 가장 추울 때는 바다의 수위가 현재의 수위보다 1백20미터나 낮았단다. 해안선도 지금과는 달랐고.

Q 지금 '가장 추울 때'라고 하셨는데, 그럼 빙하기에

도 날씨는 변했단 말인가요?

그렇단다. 우리는 전문가들이 기후의 '사이클'이라고 부르는 것의 존재를 확인했단다. 그것은 몇백 년 혹은 몇천 년간 지속될 수 있는 것으로 우리는 이것을 '기(期)'라고 부르는데, 그 기간 동안엔 특히 더 춥고 '간기(間期)'에는 기온이 올라가지. 때로는 상당히 짧을 때도 있는 이 사이클은 역사시대에도 관측됐지. 이를테면 기원후 1550년에서 1850년 사이에 지금보다 분명히 더 추웠고(평균 0.5°C에서 1°C), 그래서 우리는 이 기간을 '작은 빙하시대'라고 부르는데, 아마 이건 좀 과장이 담겼다고 할 수 있겠지.

Q 이런 기후의 변화는 선사시대 인간들이 살던 세상에 어떤 영향을 끼쳤죠?

지대한 영향을 끼쳤지. 빙하기 동안, 산악 지대(알프스 산맥, 피레네 산맥 등)의 많은 계곡들이 두꺼운 얼음층으로 뒤덮여서 접근할 수가 없었거든. 사방의 풍경이 지금 우리가 아는 풍경과는 달랐지. 비는 지금보다 덜 왔어. 많은 지역, 특히 계곡이나 바람에 노출된 넓은 평원에는 키 작은 풀들의 식물군과 고립된 나무 수풀, 특히 자작나무

와 소나무 숲 몇 개만이 들어서 있을 뿐이었지. 그러나 그 와중에도 여건이 조금 나은, 안전한 장소들은 항상 있었어. 추위를 별로 좋아하지 않는 나무와 동물은 그런 곳에서 목숨을 유지했단다. 기후가 다시 따뜻해지면서 이들은 퍼져 나가게 되지. 빙하기의 가장 추운 때에도 프랑스의 북부보다는 남부가 더 따뜻했다는 걸 잊지 말아라……

Q 그럼 화산은요? 빙하기 때 분화하고 있었나요?

실제로 프랑스에서도 꽤 오래전에 분화가 몇 차례 있었다는 사실이 입증됐단다. 마지막 빙하기 동안에도 족히 열댓 번은 있었지. 마지막 빙하기가 끝나고 지구가 다시 따뜻해졌을 때도 거의 그만큼의 분화가 있었던 것으로 알고 있어. 그 중에서도 마지막 분화는 서기가 시작되기 직전에 발생했지. 폼페이 화산 폭발에 비교할 만한 재앙의 흔적은 발견하지 못했어. 우리가 확인했다시피 선사시대 동안 인간 집단들은 그 수가 별로 많지 않았고, 또 여기저기 흩어져 있었다는 것을 말해야겠구나. 따라서 화산 분화가 고대 인류에게 심각한 위협이었다고 말할 수는 없겠지.

Q 선사시대의 동물들은 어땠나요? 지금은 존재하지 않는 동물이 매머드 말고 또 있나요?

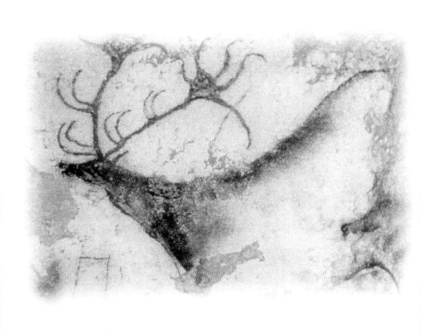

그것 역시 시대에 따라 달라. 마지막 빙하기를 예로 들어 보자. 그 오랜 시간 동안 또는 그 오랜 시간 끝에 사라진 동물들 중에는 동굴 하이에나, 동굴 사자, 또는 표범 같은 맹수들이 있지. 유명한 '송곳니 호랑이'는 오래전에 멸종했단다.

Q 그 사자들은 아프리카에서 왔나요?

아니야. 그 사자들은 추위에 적응이 된 동물들로, 아프리카에 사는 그들의 사촌들과는 때로 무척 달랐단다. 이를테면 동굴 사자는 아프리카 사자보다 훨씬 더 컸고, 수컷은 갈기가 없었지. 동굴 벽화, 특히 유명한 쇼베 동굴의 그림들을 발견했기 때문에 알게 된 사실이란다.

Q 그 동물들의 모습은 동굴의 그림들에만 남아 있나요?

아니. 물론 일부 동굴 안쪽에 훌륭하게 보존된 이 조각들과 그림들 덕에 우리는 그 동물들의 정확한 모습들을 알게 되긴 했지. 선사시대의 화가들은 흔히 동물의 털이며 발굽, 몸자세를 아주 상세히 묘사했어. 사자 꼬리 끝의 작은 터럭, 어떤 들소들의 겨울 털, 또는 야생마들의 곤두선 갈기를 알아볼 수 있지. 그렇지만 멸종된 동물들의 뼈대는 발굴중에 밝혀졌어. 쇼베 동굴의 표범 그림이나, 또는 코스케 동굴의 큰 펭귄 그림들을 발견하기 전에도 우리는 이 시기에 유럽에 이런 동물들이 존재했다는 것을 알고 있었는데, 그건 꽤 오래된 층위에서 이 종들의 독특한 뼈들을 발견했기 때문이지. 아주 추운 지역인 시베리아나 알래스카 같은 곳에서는 얼었지만 온전하게 남아 있는 매머드나 다른 동물들도 발견할 수 있었어. 언 땅속 깊숙한 곳에 보관된 동물들은 부패하지 않은 채로 남아 있었어. 덕분에 동굴에 그려진 선사시대 그림들이 상당히 정확하다는 것을 확인할 수 있었지.

Q 그럼 다른 멸종된 동물들은요?

가장 주목할 만한 동물은 털난 코뿔소, 동굴 곰, 그리고 메가세로스 사슴(홍적세의 큰뿔 사슴)이지. 매머드나 다른 동물들처럼 이 코뿔소는 두꺼운 털을 가진 한대성 기후의 동물이었지. 그리고 두 개의 뿔을 갖고 있었어. 쇼베 동굴과 루피냐크 동굴에 그려진 선사시대 벽화들 덕에 이 동물 역시 그 생김새가 잘 알려졌지.

동굴 곰은 현재의 그리즐리(로키 산맥에 사는 회색곰)보다 훨씬 더 큰 진짜 괴물이었어. 수놈의 선키가 3미터가 넘었으니까! 이 곰들은 동굴 안에서 겨울을 났기 때문에 거기서 땅에 찍힌 발톱 자국, 땅에 남긴 자국이 죽은 놈들의 뼈와 함께 자주 발견돼. 동굴 곰은 짚과 진흙을 섞은 벽토 반죽으로 지은 집에 큰 구멍을 뚫고 거기 누워 잤단다. 당시 인간들은 곰이 있을 때 동굴에 들어가는 일을 피하여야 했다는 것은 말할 필요가 없겠지.

또 메가세로스 사슴은 크기가 3미터에 달하는 거대한 뿔을 갖고 있었지. 아일랜드의 이탄 갱에서 온전한 견본이 발견됐단다.

Q 메가세로스 사슴은 왜 멸종됐죠? 사람들이 모두 죽였나요?

메가세로스 사슴의 경우엔 있을 수 있는 이야기이지만, 매머드·사자·코뿔소 혹은 곰의 경우엔 그 이유가 아닌 게 확실해. 왜냐하면 이 동물들은 전혀 사냥을 당하지 않았거나, 당해도 아주 조금 당했거든. 주변 환경의 변화와 함께 기후의 변화가 그들이 점차 사라지게 된 이유라고 보는 것이 더 타당할 게다.

Q 빙하기의 다른 동물들은 어땠나요?

그때 세상은 무척이나 다양한 동물들로 가득했단다. 이

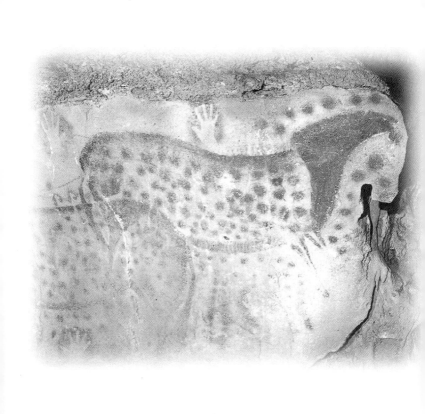

런 풍부함은 그런 데 익숙하지 않은 우리로서는 상상하기 가장 어려운 일들 가운데 하나일 정도지. 들판과 넓은 계곡으로 들소며 유럽 야생 들소, 말, 순록의 떼들이 지나다녔지. 바위가 많은 지역에서는 야생 염소와 야생 영양이 비탈길을 올랐지. 강에는 커다란 연어와 송어로 가득했어. 새도 무척 많았어. 오리, 거위, 뇌조, 그밖에 다른 새들도 많았지. 내가 언급한 포식 동물들 외에도 여우, 늑대, 오소리, 스라소니가 있었지.

Q 그 동물들 중 많은 것들이 더 이상 우리 나라에는 살지 않죠?

그래. 그 중 일부는 어떤 기후에도 적응할 수 있었어. 이를테면 들소며 유럽 야생 들소, 말, 늑대 혹은 여우, 야생 염소와 야생 영양이 그랬지. 그들은 빙하기가 끝난 뒤에도 살아남았단다.

냉대 기후 동물들로 말하면, 날씨가 다시 따뜻해지면서 프랑스를 떠나 그들에게 적합한 여건을 찾아 북쪽으로 올라갔어. 사이가 영양이 중앙아시아의 스텝 안에만 있었던 반면, 순록과 사향소는 항상 노르웨이나 알래스카에 떼를 지어 나타났지.

다른 동물들로 말하면, 다양한 종류가 있었지. 매머드가 빙하기가 끝난 뒤에도 시베리아에서 아주 오랫동안 존속했다는 가설은 상당히 그럴듯한 얘기야. 왜냐하면 그곳의 여건이 서유럽보다 유리했거든. 유럽 야생 들소는 사냥꾼들의 위협 아래 17세기에 결국 자취를 감추고 말았어. 들소는 이제 폴란드의 숲 속에서만 찾아볼 수 있게 됐지. 코스케 동굴 안에 그려진 큰 펭귄들은 19세기 중반에 마지막 한 마리까지 몰살당했단다. 반대로 후기 구석기시대에는 그리 많지 않았던 사슴과 멧돼지들이 기후가 다시 따뜻해지자 번성하게 됐어. 비도 많이 오고, 여기저기 조금씩 큰 숲들이 생겨나기 시작했거든.

그들은 어떻게 살았나?

Q 동물들로 꽉 찬 세상에서 사람들은 사냥으로 소일했나요? 어떤 무기를 사용했죠? 어떤 걸 발명했나요?

잠깐만 기다리렴! 항상 그랬듯이 우리는 시대를 명확히 밝혀야 해. 1백만 년 전에 살았던 호모 에렉투스는 2만5천 년 전에 살았던 현생 인류와 똑같이 살지 않았어. 그리고 5천 년 또는 6천 년 전 신석기시대에 농사를 짓고 가축을 기르던 사람들과는 전혀 다르게 살았지. 그들은 사냥을 통해 중요한 보충 식량을 확보하긴 했지만, 더 이상 사냥에만 생존을 의존하지는 않았거든. 머리도 덜 좋고 조직력도 없던 호모 에렉투스는, 그들보다 훨씬 더 성능 좋은 무기를 소유한 빙하시대의 대단한 사냥꾼들보다 훨씬 더 많은 시간을 식량을 구하는 데 써야만 했지.

우리가 지금부터 주로 이야기할 대상은 때로는 크로마

농인이라고도 불리는 후자, 즉 현생 인류이란다. 그들보다 앞선 고대 인류와 그들 뒤에 온 목축가와 농업가들의 신석기 사회는 이제 지나는 길에만 언급하게 될 거야.

Q 좋아요. 하지만 그래도 목축가와 농업가들에 관해서는 조금이나마 말하고 넘어가요. 그들은 왜 그렇게 했죠? 그들은 어떤 동물을 기르고, 어떤 식물을 재배했나요? 그리고 어떤 기술을 사용했나요?

이런 변화는 하루아침에 일어난 것도 아니고, 동시에 사방에서 일어난 것도 아니란다. 아마도 개가 최초의 가축이었던 듯싶고, 1만3천 년 혹은 1만4천 년경 전에 빙하 시대의 마지막 대단한 사냥꾼들과 함께 등장한 듯싶다. 어쩌면 그 이전일는지도 모르지만. 그 다음에 양·소·돼지를 키웠지. 닭 같은 가금류는 그보다 훨씬 뒤에야 키우게 되지. 식물들로 말하면 처음엔 근동에서, 그 다음엔 유럽에서 밀·보리 같은 품종을 길렀어. 몇 가지 예를 들자면 쌀은 극동에서, 옥수수와 강낭콩은 아메리카에서 재배됐지. 기술은 거칠고 단순했어. 오랫동안 그런 상태로 머물렀어. 바퀴 없는 쟁기로 땅을 갈았거든. 이 원시적인 쟁기는 지금도 세계의 몇몇 곳에서 사용되고 있지.

Q 할아버지는 그 이유에 대해 아직 말씀해 주지 않으셨어요.

발명은 항상 어느 정도는 우연의 산물이지. 적어도 처음에는 말이다. 사람들은 그들의 주거지 부근에 버려진 야생 밀 몇 알이 봄에 싹을 틔우는 것을 목격했겠지. 그들은 곰곰이 생각해 보고 그 작업을 체계적으로 되풀이했지. 다른 이들은 사냥에서 어미 동물을 죽인 다음 그 새끼들을 데리고 와서 길렀지. 이런 일은 오랜 기간 동안 자주 일어났을 테고, 수많은 실패를 거친 다음에 비로소 진정한 사육이 시작됐을 게다. 농업과 가축은 생명 보험이라고 할 수 있어. 내년에, 심지어는 겨울에도 먹을 게 있다는 말이거든!

Q 그렇다면 그것으로 인해 생활 모습이 완전히 바뀌었나요?

그렇단다. 우리가 이것을 '신석기 혁명'이라는 표현을 써서 부를 정도로 말이다. 무엇인가에 헌정된 많은 표현들처럼 이 말은 참인 동시에 거짓이란다. 신석기 혁명이란 말은 그 일이 무척 빨리 이루어졌다는 인상을 주는데, 사실 그렇지는 않거든. 행동의 변화는 어느곳에서는 조금씩 이루어졌고, 다른 곳에서는 아예 이루어지지도 않았어. 반대로 목축과 농업이 습관적인 주요 활동이 됐을 때, 그것은 장기적으로 먹거리의 안정보다 훨씬 더 큰 결과를 초래했지. 사람들이 정착하게 된 거야. 다시 말해 다소 먼 거리를 이동하는 대신 한 자리에 머물게 된 거지. 밭을 갖게 되면 그것을 경작하고 신경 써서 거두어들여야 하거든. 그들은 마을을 형성했어. 곡식을 저장하는 곳간도 갖게 되었지. 그들 소유의 가축도 생겼어. 이런 풍요로움이 사회에 변화를 초래해서 부유한 사람과 가난한 사람, 즉 계급이 생기게 됐지. 이로써 수백만 년간 지속된 생활 방식이 끝나고, 인간은 더 이상 단순히 사냥하고 수집하기만 하지는 않게 됐단다.

Q 처음에는 어떻게 사냥했나요? 무기가 있었나요?

아주 오래전 사람들은 손으로 잡거나 돌멩이를 던져 잡을 수 있는 작은 사냥감을 죽였단다. 그들은 또 썩은 고기도 먹었어. 고양이과 동물이 잡아먹고 남긴 큰 먹이를 이용한 거지. 2백50만 년 전부터 그들은 짐승의 고기를 자르기 위해, 그리고 뼈를 부숴 골수를 빼먹기 위해 조약돌을 가지고 몇 가지 거친 도구들을 깎았지. 인간은 잡식 동물이었다는 것과 먹을 수 있는 것, 손에 들어온 것은 모두 먹었다는 것도 잊지 마라. 과일, 야생 장과, 풀, 버섯, 곤충 같은 것들이 여기에 속하지. 무기를 갖고 하는 진짜 사냥은 점차 발전해서 결국 인간은 모든 동물 종류 중에서 가장 무서운 사냥꾼이 됐지.

Q 나 같으면 썩은 고기와 곤충은 먹지 않겠어요⋯⋯ 현생 인류와 함께 사는 게 더 나을 것 같아요⋯⋯ 그 대단한 사냥꾼들은 어떤 짐승을 죽였고, 어떻게 행동했나요?

네안데르탈인과 현생 인류는 우리가 언급한 큰 초식 동물들을 사냥했어. 옛부터 사냥을 가장 많이 당한 세 종은 들소·말·순록이지. 시대·장소·계절에 따라 그들은 들소나 말을 많이 죽이기도 하고, 순록을 많이 죽이기도 했어. 이를테면 순록은 이동을 하고 항상 같은 장소를 지나다니는 동물이지. 신석기시대 사람들은 물론 그것을 잘 관찰하고, 그런 특성을 이용해 얕은 개울목 같은 불가피한 통행로에서 쉽게 순록들을 잡을 수 있었어. 선사시대 거주지를 발굴하던중 고기를 굽던 불가에서 그들이 먹고 남은 쓰레기가 발견됐어. 거기 있던 것은 그들이 잡아먹은 짐승들의 부서지고 불에 탄 뼈들이었단다. 그렇게 해서 우리는 그들이 무엇을 좋아하고, 무엇을 선택했는가를 알게 됐지.

Q 선택이라구요? 그들은 사냥에서 우연히 죽인 게 아닌가요?

 그렇기도 하고, 아니기도 하지. 흔히 우리는 그들의 사냥이 특수화된 것을 확인할 수 있는데 그것은 몇몇 종을 고의로 쫓아다녔다는 것, 혹은 이 사냥꾼들이 의도적으로 특수 상황을 이용하려 했다는 것을 증명하고 있지. 이를테면 빙하기가 끝나기 직전, 그러니까 약 1만3천 년 전에 한 무리의 막달레니안 사람들이 아리에주의 높은 골짜기에 있는 교회 동굴에서 얼마 동안 살았단다. 그것은 오래전에 이 할아버지가 발굴한 동굴이란다. 그 사람들은 여러 번, 매년 한 해의 같은 시기, 즉 초겨울에 그 동굴로 돌아왔어. 그들은 아마도 그때가 야생 염소들이 모여서 짝짓기를 하는 시기라는 것, 따라서 그들에게 접근하기가 더 쉽다는 것을 알아차렸던 것 같아. 얼마 동안 야생 염소는 그들의 좋은 먹잇감이 되었지. 그들은 적어도 44마리를 도살했어. 그렇지만 다른 동물도 잡아먹긴 했어. 초겨울 추운 날 산꼭대기에서 내려오는 뇌조들, 산란 장소에서 잡힌 큰 연어들, 심지어 산토끼 3마리와 큰 까마귀 5마리도 잡아먹었더구나. 그러니까 특수화된 사냥과 기회

주의적인 사냥(과 낚시), 즉 손에 들어오는 대로 잡는 방법을 동시에 사용했던 거지.

Q 야생 염소나 다른 큰 짐승들을 죽일 때 수컷만 선택했나요?

그렇게 예상할 수도 있지만, 사실은 그들이 항상 '자연 환경을 보호하는' 사냥꾼들은 아니었던 것으로 확인되고 있단다. 그들은 때로 새끼들, 심지어는 새끼를 밴 암컷마저도 냉정하게 죽이곤 했어. 그것은 요즘 같아선 책임감 있는 사냥꾼들이 저지를 짓은 아니거든. 몇몇 곳에서 순록이나 들소의 아직 태어나지 않은 새끼들의 뼈가 많이 발견됐지. 이것은 그들이 산 세상은 사냥감이 너무나 풍부해서——그리고 사람은 너무 적어서——미래나 종의 번식을 염려하지 않아도 됐다는 걸 의미해. 그들은 다음 해에도 사냥할 짐승이 있을 거라는 걸 알고 있었거든.

Q 그들은 어떤 무기로 사냥했나요?

호모 에렉투스와 네안데르탈인은 아마도 끝에 뾰족한 부싯돌이 박힌 창이나 긴 창을 사용했을 거야. 현생 인류는 사냥 기술을 개선했지. 그들은 긴 나무 자루를 갖춘 투창을 만들어서 거기에 매머드의 송곳니나 순록의 뿔 같은 뾰족한 것을 붙였단다. 그것은 무서운 무기가 됐고, 그들은 수천 년 동안 그것을 사용했지. 그런데 거기에 불편한 점이 하나 있었는데, 동물에게 치명적인 상처를 입히려면 상당히 가까이 다가가야 한다는 거야. 그들은 또 덫을 만들거나 파기도 했고, 또는 식물에서 채취한 독을 무기에 바르기도 했지.

두 가지 발명이 사냥의 혁명을 가져왔는데, 추진 장치와 활이 그것이란다. 추진 장치는 길이가 50센티미터 정도 되고, 끝에 작은 갈고리가 달린 일종의 곧은 나무 막대야. 긴 투창(2.5미터)을 추진 장치의 축 위에 수평으로 놓고, 투창을 제자리에 고정시켜 주는 갈고리는 기대어 놓아. 그런 다음 손목과 팔을 뒤에서 앞으로 움직여 원하는 방향으로 투창이 튕겨 나가게 하는 거지. 추진 장치는 정확히 지렛대의 손잡이처럼 움직여서 투창을 훨씬 더 힘차게, 훨씬 더 멀리 던질 수 있게 해주지. 우리는 2만 년 전, 그러니까 솔루트레안〔구석기시대 후기〕의 추진 장치도 보았어. 그것은 그 다음에 오는 시기, 즉 막달레니안 내내 무척 많이 사용돼. 갈고리가 달린 창끝은 순록의 가지뿔로 만들어졌기 때문에 자루의 나무가 썩어도 그것은 그대로 보존되거든. 추진 장치의 끝은 흔히 조판이나 조각으로 장식돼 있는 것을 목격할 수 있는데, 그것은 아마도 투창의 힘을 크게 증대시킬 수 있는 능력에 뭔가 마법적인 것이 있으며, 장식이 그 마법을 강화시킬 수 있다고 생각했기 때문인 것 같아.

Q 그럼 활은요?

우리는 활이 지금부터 1만2천 년이나 1만3천 년 전 막달레니안 말기에 존재했던 것으로 확신하고 있어. 하지만 그 전에 발명됐을 수도 있지. 왜냐하면 그보다 1만 년 전, 그리고 그 이후 시대의 유적에서도 부싯돌로 된 뾰족한 조각이 발견되거든. 그것으로 멋진 화살촉을 만들었을 거야. 투창에 쓰기에는 좀 가벼워 보이거든.

Q 누가 사냥했나요? 모두 했나요, 아니면 몇 명만 했나요?

확실히는 알 수 없어. 왜냐하면 고고학에서 흔히 그렇듯이 뚜렷한 증거가 없기 때문이야. 다만 그들의 활동과 관련된 물질적 유물들을 보면 그들이 대단한 사냥꾼들이었다는 걸 알 수 있지. 그들의 집단이 어땠는가를 알 수 있는 가장 좋은 방법은, 우리와 가까운 사회들 안에서 대단한 사냥꾼들의 집단이 어떻게 움직이는가 혹은 움직였

는가를 보는 거야. 아프리카, 아메리카, 또는 오스트레일리아같이 우리가 연구할 수 있는 곳에서 말야.

대개 큰 사냥감을 잡는 건 남자들이야. 하지만 항상 예외는 있을 수 있지. 집단 전체가 참여할 수도 있고 말이야. 여자들과 아이들은 주로 소리와 몸짓으로 사냥감에게 겁을 주어 무장한 남자들이 매복한 채 기다리고 있는 쪽으로 가게 만드는 몰이꾼 역할을 하지. 이렇게 일을 나눠서 하는 데에는 여러 가지 이유가 있어. 여자들은 일반적으로 남자들보다 힘이 약하지. 그런데 투창을 세게 던지려면 힘이 필요하거든. 그리고 엄마 품을 떠나지 않는 어린아이들은 사냥에 방해가 돼. 또한 여자들은 남자들보다 소중한데, 그건 여자들이 아기를 낳기 때문이야. 집단의 생존이 여자들에게 달려 있으니까, 그들을 아주 위험한 상황에 빠트릴 수가 없는 거지.

Q 그렇다면 여자들과 아이들은 남자들만큼 양식 마련에 애쓰지 않았나요?

아니 정반대야. 그들은 사냥도 했지만, 또한 채집도 했거든. 그리고 채집하는 일은 대개 여자들과 아이들이 했지. 동시대 집단에 관한 어떤 논문들을 보면 그들이 수확한 장과(漿果), 버섯, 야생 과일, 식용 식물이 전체 소비 식량의 60퍼센트 혹은 70퍼센트를 차지한다는 것을 알 수 있어. 따라서 그들의 활동은 장기적으로 볼 때 사냥꾼들의 활동보다 중요했고, 그것은 이렇게 이해하면 돼. 사냥을 갔을 때에는 빈손으로 돌아오는 경우가 허다하지만, 뭔가를 따러 갔을 때에는 절대 빈손으로 돌아올 수가 없잖니. 왜냐하면 항상 뭔가를 발견하니까 말이야.

Q 그들은 그 모든 것을 동굴로 가져왔나요?

동굴이라기보다는 야영지라고 해두자. 널리 알려진 어떤 견해와는 반대로 그들은 동굴 속에 살지 않았거든. 우선 동굴이 없는 지역들이 많아. 그렇다고 동굴에 사람이 살지 않았다는 건 아니야. 유적지를 발굴하다가 우리는 선사시대 오두막집의 잔해를 발견했어. 때로 그것은 가운데에 화덕이 있고, 짐승 가죽을 돌멩이로 고정시켜 측면을 보호하게 만든 것이 에스키모들의 오두막을 연상시키지. 이 가죽은 나무틀로 팽팽하게 당겨져 있었어. 중앙유럽과 동유럽의 드넓은 평원, 이를테면 우크라이나 같은 데에서는 심지어 매머드의 뼈·두개골·엄니를 가지고 만든 진짜 오두막집도 발견했단다. 하지만 동굴이 있는 석회질 토양 지역에서 인기 있는 것은 절벽 밑 같은 천연 피난처였어. 대개 사람들은 깊은 동굴의 칠흑 같은 어둠 속에서 살지 않았어. 그 이유는 너무나 명백하지.

Q 그런 피난처에서 어떻게 살았죠? 개조해서 살았
나요?

그렇지. 그리고 그것은 때로 흔적들을 남겼지. 그들은
집을 짓지는 않았지만 서로 다른 활동 영역간의 경계를
설치하고, 팽팽한 가죽으로 바람막이를 만들었지. 또는
구덩이를 파서 음식 찌꺼기를 묻기도 했어. 그렇지만 대
개 음식 찌꺼기는 불 속으로 들어가거나 절벽에 던져졌
지. 냄새가 별로 좋지는 않았을 테니까⋯⋯. 그곳에는 휴
식 공간도 있었을 거야. 작은 나뭇가지 단을 짐승 가죽으
로 덮어서 잠자리를 마련했지. 그렇게 함으로써 땅의 습
기와 냉기를 막아 주는 공간이 만들어진 거야. 그 피난처
는 또한 음식을 익힐 수 있는 불씨를 보관하는 곳이기도
했어. 가능한 모든 방법으로 음식을 익혔는데, 바베큐처
럼 잉걸불에 굽기도 했고 끓이기도 했단다.

Q 끓였다고요? 그들에게 냄비가 있었나요?

물론 아니지. 단지도 없었는걸. 도자기는 이보다 훨씬
뒤인 신석기시대에 발명되거든. 빙하기가 끝나고 한참 뒤

에 말이야. 하지만 그들에겐 짐승 가죽으로 만든 수통이
나 가죽 부대 같은 용기가 있어서 물이나 수프를 보관할
수는 있었지.

Q 하지만 가죽 용기는 불에 가져갈 수가 없잖아요,
타버리고 마니까요!

네 말이 맞다. 하지만 뜨겁게 달궈진 자갈들을 가죽 용
기에 집어넣어서 물을 끓일 수는 있지. 자갈들이 식으면
꺼내고, 다시 다른 자갈들을 넣는 거야. 우리는 지층에서
불에 탄 자갈들을 발견했단다. 따라서 음식을 끓이는 게
가능했다는 얘기지.

Q 그들은 무엇으로 먹었나요?

아주 최근까지, 심지어는 지금까지도 세계의 많은 사람
들이 그렇게 하듯 손가락을 사용해서 먹었지. 나무 숟가
락은 있었을는지 모르지만 포크는 없었어. 그들은 또한
뾰족한 나뭇가지도 사용할 수 있었어. 고기를 자를 때는
부싯돌을 가공해서 사용했어.

Q 왜 특히 부싯돌을 사용했나요? 부싯돌은 어디서 발

견했죠?

부싯돌은 도구를 만들 수 있는 최초의 이상적인 소재야. 자르기가 매우 쉬워서 날카로운 면을 가진 파편이나 얇은 판을 얼마든지 얻을 수가 있거든. 그보다는 덜 흔한 어떤 바위들(이를테면 흑요석 같은)도 똑같은 장점을 갖고 있어. 수정이나 석영암 같은 것들도 자를 수 있는 단단한 바위들이지만——그리고 잘라서 많이 사용했어——부싯돌만큼 얇은 도구를 만들 수는 없거든. 이 모든 바위들은 덩어리나 자갈의 형태로 자연 속에 존재하지. 자신들에게 유용한 것을 사냥하고 수집하는 것으로 소일하던 선사시대 사람들은 바위들을 찾아다녔고, 그것들이 있는 장소에서 채굴했어.

Q 바위를 어떻게 잘랐죠?

사슴의 뿔이나 돌로 된 망치(격철) 같은 것을 가지고 여러 가지 방법으로 잘랐지. 우선 바위를 가공해서 표면의 딱딱한 껍질(외피)을 제거하고 도구를 만들 준비를 하거나, 그 다음 작업을 준비했어. 그런 다음 준비된 바위(석핵)를 잘랐어. 다시 말해 파편, 얇은 판, 얇은 조각들을 마음대로 떼어낸 거야. 길고 날카로운 판이나 조각들을 얻고자 할 때에는 직접적인 충돌보다는 압력에 의한 자르기 방법을 사용했어. 그런 다음에는 잘려져 나온 조각에 다시 손을 대어 원하는 용도에 맞게 끝을 뾰족하게 하거나, 단면을 비스듬하게 만들었지.

Q 힘든 작업이었겠네요!

그렇지. 그리고 시간의 흐름에 따라 돌로 만든 도구를 자르는 방법이 변화했다는 것도 확인할 수 있지. 가장 오래전 인류는 간단하게 조약돌 몇 개를 잘라 날을 세우거나 끝을 뾰족하게 만들었지. 그뒤 제작 방법이 개선됐어. 호모 에렉투스는 뾰족하고 날카로워 일종의 만능 도구라 할 수 있는 양면 석기를 만들었지. 그것만으로도 이미 대단한 발전이야. 그 이후 사람들은 자르는 과정을 계획화하고 다양한 준비 작업을 함으로써 일정한 형태의 파편을 얻을 수 있게 되었지(르발루아 문화). 네안데르탈인은 온갖 뾰족한 도구와 긁는 도구들을 제작했단다. 현생 인류(호모 사피엔스 사피엔스)와 함께 부싯돌 자르기는 진정한 예술이 됐지. 그들은 부싯돌이 달궈졌을 때 더 잘 잘린다는 것도 알아냈어……. 이런 기술을 가지고 솔루트레안은 창이나 투창의 끝도 만들었는데, 이것들이 얼마나 섬세한지 진짜 보석처럼 보인다니까! 실제로 선사학자들은 이

기술을 실험하는 데에서 전문가들이야. 그들은 선사시대의 돌 도구를 정확히 똑같이 재현하고 그것을 만들던 사람들의 동작도 재구성해 놓았는데, 그것은 선사시대 사람들을 더 잘 이해할 수 있게 해주지.

Q 부싯돌은 고기를 썰거나 무기를 만드는 것 말고 어떤 다른 용도로 쓰였나요?

죽은 동물의 뼈를 발라내는 데에서부터 다른 도구를 만드는 데까지 무척 다양한 용도로 쓰였지. 부싯돌로 된 도구를 사용해 순록 뿔을 가지고 투창 끝, 추진 장치의 말단 부분, 투창 자루의 조정공(구멍 뚫린 막대)을 만들었지. 나무로도 작업했겠지만 뼈와 마찬가지로 흔적이 남아 있지 않아. 또 뼈로 만든 인두, 송곳도 발견돼. 심지어 2만 년 이상 전부터 존재한 어떤 도구도 발견됐는데, 그것의 형태는 여지껏 한번도 변하지 않았단다. 지금 금속으로 만들어도 그건 마찬가지야. 그게 뭔지 알아맞힐 수 있겠니?

Q 도끼인가요?

아니야. 그 당시에는 지금 우리가 쓰는 것과 비슷한 도끼는 존재하지 않았어. 그 도구는 바로 구멍 뚫린 바늘이야. 솔루트레안의 주거지에서도 널린 게 바늘이었지. 그 바늘들은 아주 작은 구멍을 가진 것이 오늘날 우리가 쓰는 바늘과 크기도 같고 모양도 같았어. 한 가지 다른 점은 그것들은 뼈로 만들어졌다는 것이지.

Q 그들은 무엇으로 구멍을 뚫었죠?

아마 우리가 송곳이라고 부르는 아주 뾰족한 부싯돌 재질의 도구로 구멍을 뚫었을 거야.

Q 그들은 의복을 꿰매 입었나요? 나는 그들이 짐승의 가죽을 걸치고 다닌 줄로 알았는데……

아무렇게나 되는대로 짐승 가죽을 어깨에 걸치고 반쯤 벌거벗은 채 어슬렁거리는 사람들의 이미지는, 그들이 땅속 깊숙한 곳에서 산다는 생각만큼이나 그릇된 것이란다. 그것이 마지막 빙하기였다는 걸 잊지 마라. 그때는 지금보다 추웠어. 그들은 동물의 털이나 힘줄을 가지고 옷을 기울 수 있었을 게다. 그들은 또 모자의 일종인 머리쓰개를 썼고, 사냥한 짐승의 가죽으로 만든 신발도 신었어. 몇년 전에, 알프스 산맥의 얼음 속에서 얼어붙은 채로 발견된 선사시대 인간이 많은 화제를 불러일으킨 적이 있었어. 우리는 그를 오치라고 불렀지. 보관 상태가 어찌나 좋았던지, 그가 곰 가죽으로 만든 머리쓰개를 쓰고 가죽옷을 입고 가죽신을 신은 것을 알 수 있었지. 심지어 추위를 물리치기 위해 가죽신 속에 마른 풀을 집어넣었다는 것도 알 수 있었어. 물론 그는 훨씬 덜 오래된 신석기인으로 나이가 겨우 5천3백 세밖에 안 됐어……. 하지만 그래도 여기서 우리는 인간들이 추운 기후에서도 주변의 천연 자원을 어떻게 이용했는가를 알 수 있단다.

Q 그러니까 그들은 짐승 가죽을 이용해 옷을 입었단 말인가요?

그렇단다. 단 그것을 가공했지. 드문드문 황토 얼룩이 있는 불그스름한 선사시대 층위가 자주 발견되거든. 이 철광석은 색깔을 들이는 특성이 있는 것으로, 특히 가죽을 부패시키지 않으면서 무두질하는 데 사용할 수 있는 것으로 알려져 있어. 그들은 조심스럽게 동물 가죽을 벗기고, 긁고 빤 다음 말리고 무두질하여 모포며 텐트, 또는 갖가지 의류를 만든 것이 확실해.

Q 그들은 자기들이 입은 가죽옷에 장식을 했나요? 그리고 장신구를 달았나요, 달지 않았나요?

그들의 옷에 장식을 했을 수는 있지만, 보관된 것이 없기 때문에 그에 관해선 전혀 몰라. 반면 그들이 장신구를 사용한 것은 확실해. 왜냐하면 단독적으로 착용할 수도 있고, 팔찌나 목걸이를 만들 수도 있는 다량의 장식을 발견했거든. 대개 그것은 뿌리 쪽에 구멍을 뚫은 동물 이빨인데, 때로는 가는 줄무늬로 장식되거나 붉은 칠이 된 것도 있지. 우리는 또 구멍 뚫린 돌멩이나 가공된 뼈도 본적이 있어. 이를테면 막달레니안은 가운데에 구멍을 뚫고, 흔히 기하학적 모티프나 동물 모티프로 장식된 둥근 고리, 혹은 도드라진 장식이라 불리는 것을 걸치기를 좋아했어. 후자는 뼈(말의 설골)의 앞뒷면에 새긴 말의 머리를 표현한 것인데, 당연히 말머리의 형태를 띠고 있지. 이런 유사성은 그들을 놀라게 했음이 분명해. 따라서 이 물건들은 아주 특별한 가치를 지닐 수 있었지.

Q 각자 자기 것을 만들었나요? 아니면 샀나요? 그들은 물건을 살 때 어떻게 했나요? 돈을 사용했나요? 그들에게도 금고가 있었나요?

아니, 그런 것을 일러 주는 자료는 아무것도 없어. 다만 물건들의 소유주가 바뀌었다는 것은 확실해. 왜냐하면 똑같은 물건이 아주 멀리 떨어진 장소들에서 발견되기 때문이야. 그들의 사회와 그것의 기능을 다룰 때 그에 대해 다시 말하자꾸나. 하지만 이런저런 물건이 화폐로 사용됐다는 증거는 없어. 그들은 돈도 금고도 소유하지 않았어. 많은 전통적인 민족들처럼 그들도 교환이라는 방법을 사용했을 거야. 때로는 멀리 떨어진 무리들과도 교환을 했겠지.

Q 이동 수단은 있었나요?

아니. 그들은 걸어다녔어. 다른 동물도 그렇지만 말이 가축화된 것도 이보다 훨씬 후의 일이거든. 재산, 무기, 도구, 비축한 식량, 옷으로 만들어 입거나 비바람을 막을 때 쓸 가죽들을 부대에 담거나 보따리로 만들어 옮기거나 트라부아를 사용해서 옮겼을 수도 있어. 트라부아는 일종의 썰매야. 두 개의 막대기를 평행하게 놓고, 그 위에 짐승 가죽과 옮길 짐을 고정시켜서 만들지. 그리고 그것을 끌면 양쪽 막대기 끝이 땅에 닿아 질질 끌려가는 거야.

Q 친밀한 동물은 없었나요? 개나 고양이와도 아직 친해지지 않았나요?

아니. 고양이는 이집트인들에 의해 나중에야 가축화됐고, 중세 이전의 유럽에는 알려지지 않았어. 빙하기가 끝날 무렵 일부 막달레니안 집단에서 사냥꾼의 충실한 조수인 개들을 키웠을 수는 있어. 우리가 전에 말한 것처럼 어미 동물이 죽은 뒤에 때로 새끼를 거두기도 했다는 가설이 가능하다면, 그것은 일시적인 시도였을 거야. 또 말이나 들소처럼 큰 초식 동물들은 입구를 뭔가로 막아서 골짜기 안에 가둬 놓았을 거야. 그러면 필요에 따라 여유 있게 도살할 수도 있었을 테고 말이지. 인간의 영악함은 끝이 없지……. 말이 나왔으니 말인데, 그들은 때로 짐승들을 공포에 빠뜨려서 벼랑 끝으로 내몰아 떨어져 죽게도 했단다. 몇몇 학자들은 손에루아르 지방의 솔루트레안 문화에서 수천 년 동안 그런 식으로 말을 사냥해 왔다고 생각했어.

Q 하지만 사냥을 할 수 없거나, 땅이 눈에 덮여 있는 혹독한 겨울엔 어떻게 생존했죠?

식량을 보관했겠지. 버섯이나 식물은 말릴 수 있고, 고기는 얼음 속이나 좀 높은 곳 또는 그늘진 곳에서 보존할 수 있거든. 그런 곳에서는 얼음과 눈이 일년 내내 녹지 않으니까. 고기는 훈제하면 돼. 훈제란 불의 연기 속에서 말리는 걸 말해. 그렇게 하면 몇 달 동안 보관해도 상하지 않지. 이런 방법은 남아프리카와 아메리카에도 존재한단다.

그들 생활의 현실적인 면모에 대해 또 궁금한 게 있니?

Q 그럼요! 생리적 욕구는 어떻게 해결했죠?

화장실이나 휴지는 없었지! 그들은 몇 명 되지 않았거든. 그리고 자연은 드넓었고, 그들을 따뜻하게 맞아 주었고, 곤란을 타개할 수 있는 방법은 사방에 널려 있었으니까……

Q 그들은 이를 닦았나요?

우리들처럼은 물론 아니지. 하지만 그들도 뾰족한 나무 끝으로 이를 깨끗이 하고, 간단한 세수도 했을 거야. 샤워기도 비누도 없었으니까. 적어도 여름에는 강물에서 목욕을 할 수 있었지. 그것도 예나 지금이나 전세계에서 사람들이 했던 것이고, 오늘날에도 수많은 사람들이 하고 있는 일이지.

Q 그럼 아이들은요? 학교가 없었는데 무슨 일을 했나요? 장난감은 있었나요?

너희들도 잘 알다시피 아이들은 항상 장난감을 발견하고, 놀이를 생각해 내잖니. 돌멩이며 나무며 뼛조각이 장난감이 될 수 있었지. 발굴 도중에 선사학자들은 용도를 알 수 없는 물건들을 발견하는데, 그것들이 바로 버려진 장난감들이었을 거야…….

활동면에서는 수렵 민족들과 비교해 보면 아이들은 아주 어린 나이부터 바빴을 거라고 생각돼. 식물에 관한 지식, 사냥거리의 습성에 관한 지식, 그리고 사냥하고 도구를 재단하고 잡은 짐승의 고기를 잘게 자르고 가죽을 무두질하고 가공하는 기술, 이 모든 것을 익히려면 훈련이 필요했는데, 여기에는 소년과 소녀의 차이가 없었지만 성별에 따라 각기 다른 쪽으로 전문화되었을 거야. 아이들은 동물들이 땅에 남긴 흔적을 식별하는 법을 배웠어. 그것은 생존이 걸린 문제였거든. 아이들은 또 틀림없이 일상 활동에서 부모를 도왔을 거야. 그런 게 최고의 교육 방법이거든!

Q 할아버지는 여러 번 생존이란 말을 언급하셨어요, 그건 그들이 우리보다 수명이 짧기 때문인가요?

맞아! 평균 수명이 25세 정도로 짧았지. 그렇다고 절대로 그 이상 살지 못했다는 이야기는 아니야. 어떤 이들은

50세, 혹은 그 이상까지 도달해서 부족의 전설이 되기도 했지. 하지만 신생아와 유아들은 온갖 질병(급성맹장염은 치명적이었어⋯⋯)과 사냥이나 맹수들로 인한 사고에 노출되어 사망률이 높았지. 그래서 우리는 스위스의 한 동굴에서 곰에 의해 죽은 선사시대 사냥꾼을 발견했단다.

Q 할아버지는 그들이 나이와 시간을 잴 줄 알았다고 생각하세요?

우리들처럼 아주 정확하게는 아니겠지. 하지만 마지막 빙하기의 사람들, 이 현생 인류도 우리만큼 똑똑했다는 것을 잊지 말아라. 그들은 풍경, 계절의 반복, 태양의 운행, 밤과 낮의 교대, 달의 변화 단계, 몇몇 동물의 일정한 습성, 이를테면 곰들은 초겨울에 땅속에 들어가 겨울잠을 자고 봄에 다시 나오는 것 등을 빼놓지 않고 관찰했지. 뼈에 찍힌 어떤 규칙적인 자국들은 음력이나 계절을 구체화하는 데 사용한 것 같아. 그것이 무엇이건간에 그들이 그들 나름대로 시간을 쟀다는 것은 확실해. 비록 그들이 자신의 나이를 정확히 말할 수 없었고 몇 달, 심지어 몇 년씩 틀렸더라도 말이야.

그들은 어떤 체계를 갖추었나?

Q 빙하기 사람들은 부족으로 살았나요?

충분히 가능한 이야기야. 나아가 그랬을 것 같아. 하지만 확실하게 알 수는 없어. 하나의 부족은 가족 관계로 얽히고 같은 지역에 살고, 관습·언어·신앙을 공유하는 무리들의 총체라고 정의할 수 있어. 따라서 그 구성원들은 자기 자신을 같은 집단의 일부로 인정하지. 이런 특성들은 고고학적 유적에 거의 또는 전혀 흔적을 남기지 않는 것이 분명해. 우리는 한 부족 집단의 수, 그들의 정확한 분류, 그들이 친족인지 아닌지도 알 수 없으며, 그들이 어떤 말을 사용했는지도 몰라. 반대로 어떤 지역들 안에서는 이곳과 저곳의 물건 형태간의 유사성 혹은 동일성까지 확인할 수 있어. 또는 깊은 동굴과 그들이 그 동굴에서 그린 그림들과 관련해서는 같은 태도를 엿볼 수 있지(이것

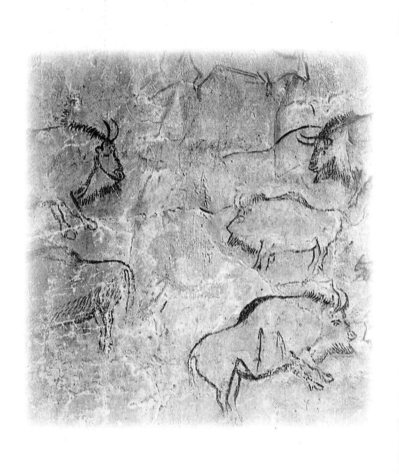

은 그들의 신앙을 이야기할 때 다루게 될 거야). 이것은 부족들이 존재하기 위한 방향으로 진행됐을 거야.

Q 한 부족은 몇 명으로 이루어졌나요?

아마 그리 많은 수는 아니었을 게다. 우리가 발굴한 주거지에 살았던 집단들은 그렇게 인원이 많지 않고, 약간 확장된 것으로 보이는 한 가족이었어. 스무 명에서 스물다섯 명 정도. 만일 이보다 훨씬 더 많았다면 식량 조달에 많은 문제를 일으켰을 거야. 반대로 단 한 가족만 존재했다면 불가피한 사고, 큰 사냥거리를 사냥해야 할 필요성을 고려할 때 생존이 어려웠을 테니까 몇 가족으로 시험해 보는 편이 낫겠지. 하나의 부족은 몇 개의 가족 집단을 모은 것이었을 거야.

Q 이 집단들이 서로 가까이 살았는지, 혹은 반대로 꽤 멀리 떨어져 살았는지 알 수 있나요?

동시대의 집단들과 관련이 있었는지는 전혀 확신할 수 없어. 왜냐하면 우리의 연대 추정 방법이 아직 충분히 정확하지 않거든. 그렇지만 그들의 생활 방식으로 보아 걸어서 몇 시간 걸리는 거리에 떨어져 살았을 거라고는 추측할 수 있지. 그들에게는 스스로 개척하고, 그 지형을 환히 꿰뚫고 있는 그들만의 사냥터가 있었을 거야. 실제로 너무 많거나 너무 가까우면 사냥감이 금방 동이 났을 테니까. 그들은 아마 다양한 환경 자원을 활용하기 위해 충분히 넓은 구역 안에서 이동했을 거야. 이를테면 겨울 동안엔 산 밖에 머물렀다가 여름에는 산에 들어가 야생 염소와 야생 영양을 사냥했어. 들소가 지나갈 때나 특별한 사냥을 할 때는 다른 집단과 합류하기도 했지.

Q 이 집단들이 모일 때도 있었나요?

그럼. 정기적으로, 이를테면 매년 또는 2년마다 어떤 계절에 일정한 장소에서 모였던 것 같아. 아리에주 지방의 마스 다질은 이 끝에서 저 끝까지 강이 관통해 흐르는 거대한 동굴이거든. 그 동굴은 개방적이고 안 깊숙한 데까지 빛이 들어오기 때문에 여러 시대 동안 사람들이 살았지. 이 멋진 동굴이 그 역할을 맡아 그러한 모임을 수용했어. 사냥하고 수집하는 사람들은 그런 종류의 계절 모임을 흔히 갖거든. 그런 기회를 통해 사람들을 다시 만나고, 그들이 아는 사람들에 관한 소식을 교환하고, 물건을 교환하고, 또한 자기 집단이 아닌 다른 집단에서 신랑감이나 신부감을 만나고, 공동 의식을 치르고, 축제를 벌였던 거지.

Q 축제를 벌였다고요? 그들이 음악도 연주하고, 춤도 추었나요?

그럼. 모든 인간은 기회만 있으면 음악을 연주하고 춤을 춘단다. 그들은 노래도 하고, 속을 비운 나무 기둥 조각을 짐승 가죽으로 팽팽하게 덮어서 만든 북도 치고, 온갖 돌멩이나 뼈를 타악기로 활용했어. 심지어 진짜 악기도 만들어 사용했다니까. 대서양에 면한 피레네 산맥의 이스튀리츠에서 뼈로 만든 피리들이 발견됐어. 그 중에 독수리 뼈로 만든 거의 완벽한 피리가 하나 있는데 제작 연대가 그라베티안 시대, 즉 거의 2만5천 년 전으로 거슬러 올라가지. 니오의 거대한 동굴에는 그림들이 주로 검은 방이라 불리는 곳에 집중돼 있는데, 그 방은 소리가 기이하게 울리고 메아리를 만든단다. 그곳이 그 모든 동물을 표현하기 위해 선택된 장소인 것이 우연은 아닌 것 같아. 아리에주에서와 마찬가지로 삼형제 동굴에는 어떤 악기를 연주하는 반인반수(반은 인간이고 반은 짐승)인 사람의 모습도 조각돼 있단다. 그 악기는 코로 부는 피리일 수도 있고, 활처럼 생긴 악기일 수도 있어. 어쨌든 사람들은 그를 '활악기의 마술사'라고 불렀단다. 그것이 연주하는

음악가를 표현한 알려진 그림 가운데 가장 오래된 거란다
(1만4천 년 이상).

Q 각각의 집단 안에는 전문 직업이 있었나요? 아니면 각자가 모든 일을 다 하였나요?

각자 우리가 앞에서 말한 일상 생활의 그 모든 것에 대한 풍부한 지식과 기본적인 기술을 갖고 있었을 거야. 불을 피우고, 부싯돌을 자르고, 물고기 배를 가르는 법 같은 것 말이지. 그러나 모든 사람이 똑같은 능력을 갖고 있지는 않았고, 따라서 집단 안에 다양한 권위자들과 전문가들이 있었던 게 확실해. 이를테면 어떤 이들은 부싯돌 재단의 장인이 됐지. 우리는 어떤 도구들은 놀라운 솜씨로 제작된 반면, 다른 것들은 그보다 훨씬 투박하고 어설프다는 것을 확인했어. 마찬가지로 몇몇 사냥꾼들은 사냥감의 자취를 쫓고 접근하는 데 탁월한 재능을 발휘했고, 다른 이들은 그들보다는 못했지.

Q 할아버지는 빙하기의 이런 사회들 안에 진정한 법이 있었다고 생각하세요?

우리가 바라는 의미에서는 아니고, 그보다 훨씬 덜 체

계화된 방식의 법이 있었지. 그들에게도 관습은 있었고, 그 관습에는 구속적인 면이 있었지. 하지만 우리는 관습에 대해선 전혀 몰라. 왜냐하면 관습은 오직 구전에 의해서만 전승되며, 말은 한번 내뱉고 나면 영원히 사라지고 마니까.

Q 남자와 여자들은 일생 동안 한 쌍으로 살았나요?

앞에서 보았다시피 그들의 수명은 짧았단다. 현재의 우리들보다 훨씬 더 어린 나이에 쌍들이 이루어지는 반면, 지속되는 확률은 훨씬 더 적었어. 대개는 둘 중 하나가 젊은 나이에 사고나 병으로 죽기 때문이었지. 여자들에게 해산은 지금과는 비교할 수 없을 만큼 위험을 무릅쓰는 행위였어. 위생 관념이 없었기 때문에 많은 여자들이 분만중에 죽어야만 했지. 남자들은 또 남자들대로 사냥에서 위험한 동물들과 대치하다가 사고의 희생자가 되기 일쑤였단다.

Q 그들을 치료할 의사는 있었나요?

인류는 항상 그들 집단의 아픈 사람들, 부상한 사람들을 보살펴 왔어. 그러니까 골절을 바로잡고, 상처에 붕대

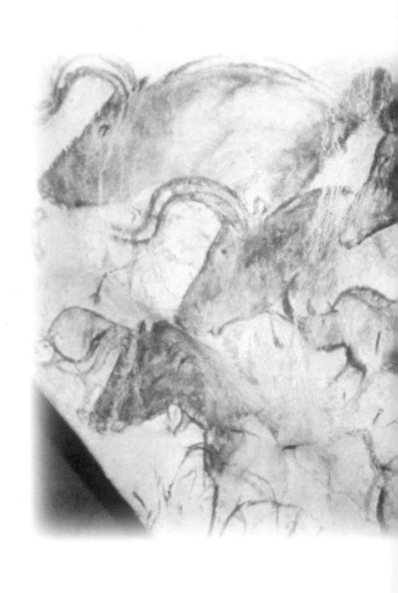

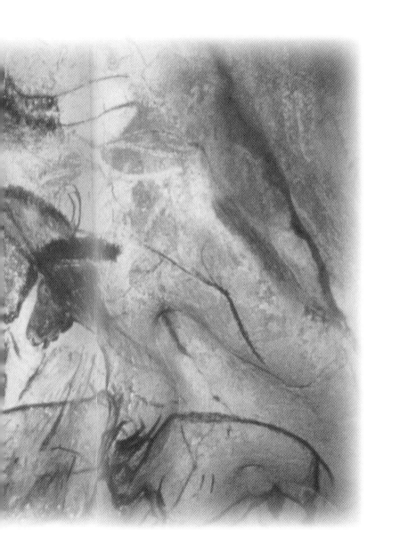

를 감고, 환자들을 치료하는 남자들이나 여자들이 존재했을 게다. 그들은 자연과 자연이 제공하는 가능성에 대한 심오한 지식을 갖고 있었어. 그들은 식물들의 효능을 알고 있었고, 그것을 흔히 사용했겠지. 그들은 또 초자연의 세계에 도움을 청하기도 했는데, 그에 관해선 나중에 이야기하마.

Q 할아버지는 그들이 일찍 결혼했다고 하셨잖아요. 그럼 아이는 언제 어른이 되었다고 인정받죠?

몸이 변하고, 정신도 따라서 변하는 사춘기 때가 분명해. 그때는 의식과 축제를 벌였고, 아마 아이의 지위에서 남성이나 여성의 지위로의 이행을 엄숙하게 알리기 위한 시련도 거쳤을 거야.

Q 그들은 전쟁을 벌였나요?

아니. 우리가 말하는 기간 동안 전쟁이 있었다는 징후는 전혀 없단다. 전쟁은 훗날 소유 개념이 생기면서, 신석기인들이 다른 집단의 선망으로부터 그들의 밭과 가축을 보호해야 됐을 때 벌어지지. 소규모의 충돌, 격렬한 논쟁, 소란은 얼마든지 있었을 수 있지만 분명히 전쟁은 없었어. 하지만 그렇다고 그곳이 폭력이 부재하는 목가적인 세상은 아니었어. 페크 메를 동굴, 로트 지방에 있는 쿠냑 동굴, 부쉬 뒤 론 지방에 있는 코스케 동굴을 비롯한 몇몇 동굴의 벽에는 화살에 찔린 남자들이 그려져 있어. 자신의 동포를 죽인다는 개념은 존재했지만, 계획된 대량 학살이 있었다는 증거는 아무것도 없단다.

Q 그렇지만 그들도 여행을 하다가 낯선 사람들을 만나 싸울 수는 있었을 것 같은데요?

그래. 그들이 이동한 증거는 있어. 하지만, 다시 한번 말하지만 전쟁은 없었단다. 수백 킬로미터의 육지 주거지들에서 우리는 대서양이나 지중해에서 온 바닷조개들을 발견했단다. 여행자들이 운반했다고 해야 말이 돼. 또한 어떤 부싯돌은 정확한 원산지를 알아내는 것도 가능해. 우리는 부싯돌로 된 도구나 칼날들이 때로는 그들의 원산지에서 아주 먼 곳에서 발견된다는 것도 알아냈어. 전에 말한 적이 있는 마스 다질에서 20세기의 한 선사학자는 피레네 산맥에 사는 야생 염소 두 마리가 조각된 멋진 상아 제품을 발견했단다. 이런 주제가 전혀 놀라울 게 없는 것이 마스 다질은 아리에주 쪽의 피레네 산맥에 속하기 때문이지. 반대로 상아는 향유고래의 이빨로 만든 것이거든. 누군가 바다에서 그것을 가져간 거야.

Q 그렇다면 그들은 이 물건들을 가지고 장사를 한 건가요?

체계적으로는 아닐 거야. 막달레니안이나 그라베티안 가운데 전문적인 행상인이 있었을 가능성은 별로 없거든. 단순히 어떤 큰 강, 어떤 유명한 동굴, 또는 어떤 전설적인 바다에 관한 소문을 들은 사람들이 단순한 호기심에서 혼자 또는 몇 명이서 여행을 한 거야. 이때 그들은 무기, 일상 도구, 장신구를 가져갔어. 그러다가 먼 땅에 사는 집단들과 접촉할 때 그것들을 교환하거나 선물했을 수 있어. 만일 시대를 막론하고 인류에게 지평선 반대편에 무엇이 있는지 보러 갈 틈이 없었다면 다섯 대륙을 정복하지는 못했을 거야.

Q 배를 만들어서 강이나 바다를 항해했나요?

큰 배는 만들지 못했어. 기술적인 능력이 없었거든. 하지만 강을 건너거나 강을 타고 내려가기 위해, 혹은 강가를 따라가기 위해 카누나 뗏목을 만들었을 가능성은 아주 커. 알려진 것 중 가장 오래된 카누는 1만 년이 조금 못되는 것으로, 속이 비고 홈이 파인 나무 기둥으로 만들어졌어. 그보다 훨씬 전에 만들어진 것도 있을 수 있어.

선사시대의 사건들 가운데 가장 놀라운 것의 하나는, 이 분야로 5만5천 년 전부터 6만 년 전 사이에 오스트레일리아에 사람이 정착하기 시작했다는 거야. 사실 북부 오스트레일리아에 접근하려면 이 사람들(현생 인류와 같은 호모 사피엔스 사피엔스)이 70킬로미터, 혹은 그 이상의 해협을 종단해야 했거든. 그런데 그들에겐 카누나 뗏목이 있었어. 신석기시대와 함께 강 항해술, 심지어 난바다 항해술이 발전하게 되지. 4천 년 전 태평양상의 수천 킬로미터 거리상에서 인구가 증가하기 시작했어. 그 시대에 인간이 갖고 있었던 원시적인 수단과 주파 거리를 고려할 때, 이것은 인류가 거둔 가장 위대한 업적의 하나였단다.

그들은 어떻게 생각했나?

Q 여행중에 다른 사람들을 만났을 때 서로를 이해하기 위해 어떻게 했나요? 모두 같은 언어로 말하였나요?

우리가 선사시대 언어에 대해 아무것도 모른다는 것을 고백해야겠구나. 빙하기 동안 사람들은 아마도 점차 서로를 이해해 갔을 테고, 그러면서 서로 이해할 수 있는 유사어를 구사했을 거야. 오늘날 덴마크인, 노르웨이인, 스웨덴인들이 하듯이 말이다. 반대로 아주 먼 거리에서 외따로 존재하던 어떤 집단들은 한정된 지역에만 보급될 수 있는 매우 상이한 언어들의 탄생을 촉진했지. 하지만 문자로 남겨지지 않았기 때문에 그것을 알 수 있는 방법은 전혀 없어.

분명한 것은 호모 사피엔스 사피엔스는 우리들처럼, 그리고 지구상의 모든 민족들처럼 분절되는 언어를 가지고 있었다는 거야. 반대로 그들의 조상들에 대해서는 전문가들마다 의견이 달라. 사물이나 그것의 특성, 추상적인 사고나 행동을 가리키기 위한 단어들, 그리고 특히 하나의 체계적인 생각을 표현하기 위한 문장들을 갖춘 언어는 인간의 고유한 속성이란다. 언어는 조금씩 발전했을 거야. 네안데르탈인들에겐 언어가 있었어. 그런데 그 언어가 현생 인류의 언어만큼 복잡했을까? 또 호모 하빌리스와 그 다음 인류인 호모 에렉투스 역시 일종의 언어를 가지고 있었을 수는 있지만, 우리의 언어보다는 훨씬 더 원시적이었을 거야. 특히 전자의 경우가 말이야.

Q 그렇다면 그들이 어떤 신앙을 가졌는지는 알 수 있나요? 어땠나요?

그들의 어떤 행동들의 결과를 통해서만 알 수 있을 뿐이야. 그러니까 아주 불완전하게, 대략적으로만 알 수 있지. 물건들은 그것들을 만든 사람들의 영적 생활보다는 그들이 사용한 기술과 생활 방식들에 대해 더 많은 정보를 제공하지. 사실 이 분야에서 우리는 특히 두 가지 범주의 커다란 징표들을 갖고 있지. 무덤과 미술이 그것이란다.

Q 그들은 죽은 사람을 땅에 묻었나요? 언제부터 묻

었나요?

죽은 사람을 먹거나 맹수의 먹이로 방치하지 않고 땅에 묻는 것은, 인체에 어떤 가치를 부여하는 것으로 추측되는 의식적이고 지각 있는 행위이지. 게다가 시체와 함께 물건들을 묻는 것은 사후에 또 다른 생, 내세가 있음을 믿는다는 의미야. 요컨대 그날그날 단순한 생존에 한정되지 않는 종교 또는 우주관을 갖게 됐다는 거지. 그래서 그건 매우 중요한 행위란다. 그것을 실행한 가장 오래된 인류는 약 10만 년 전 근동 지방에 살던 네안데르탈인이었어. 이 사실이 놀랍지 않은 것은, 그들이 우리와 무척 흡사하다는 것을 확인했기 때문이야. 현생 인류의 것으로 추정되는 그만큼 오래된 묘지들이 같은 지역에서 발견됐어. 그러니까 그것은 최초로 행해진 매장이었던 거지(또 다른 발견이 있기 전까지는 말이야……).

Q 그들은 죽은 사람을 한 명만 묻었나요, 아니면 여러 명을 함께 묻었나요? 어떤 물건들을 함께 묻었나요?

경우에 따라 달라. 팔레스타인 지방의 카프체에 있는 무척 오래된 이중 묘지에는 20세 가량의 젊은 여인이 왼쪽으로 누워 있었고, 그녀의 발치에 6세 정도 된 아이가

있었어. 아마 엄마와 아이겠지? 같은 발굴지에 다리를 구부리고 똑바로 누운 자세의 청년이 큰사슴의 뿔과 함께 매장된 것도 있어. 구석기시대의 후대에 가면 무덤이 붉은 황토로 뒤덮이는데, 이는 아마 피와 생명을 상징하기 위해서인 것 같아. 지금은 뼈만 남은 고깃덩어리, 무기, 장신구(목걸이와 귀걸이)들이 고인과 함께 묻혔지.

Q 영국과 코스〔석회질 고원의 이름〕에서 돌멘(고인돌)을 보았어요. 그런데 그것이 무덤이었다면서요……,

그렇단다. 하지만 돌멘과 무덤은 무척 달라. 돌멘은 다른 세상, 그러니까 겨우 몇천 년 전에 살았던 농사짓고 가축을 기르던 사람들의 세상에 속한 것이거든. 당시의 사회는 선사시대의 사회와는 전혀 달랐지. 사람들은 마을과 밭, 가축떼를 갖고 있었고, 진짜 장사도 했어. 그런 까닭에 사회 구조는 더 복잡해졌고, 사람들의 수도 훨씬 많아졌지. 돌멘은 어떤 집단의 지하 무덤으로서 시체를 겹겹이 함께 쌓아 놓은 거야. 때로 그것은 상당한 공사를 요구했는데, 그러려면 많은 사람들의 협동이 필수적이었지. 그러니까 그것은 수십 년 동안, 때로는 수백 년 동안 사용될 수 있는 집단 무덤이었던 거지. 그것을 다시 사용하려면 구석을 차지하고 있는 첫번째 시체들의 뼈를 밀어내고 공간을 만들었지. 어떤 돌멘에서는 남자·여자·아이 가릴 것 없이 1백 명 이상을 매장한 흔적을 발견했는데, 그곳에도 역시 진주 목걸이며 화살촉, 단검 또는 토기들처럼 같이 매장한 물건들이 있었어. 시대도 바뀌고 매장 방식도 바뀌었지만, 고인에 대한 존경과 사후 내세에 대한 믿음은 새로운 형식으로 지속됐던 거야.

Q 선사시대 동안 식인 풍습도 행해졌나요?

우리가 보았듯이 최초의 무덤들은 비교적 최근의 것들이란다. 겨우 10만 년밖에 안 됐으니까! 식인 풍습은 그전에, 특히 최초의 인류에 의해 행해졌을 가능성이 아주 높단다. 사실 우리의 아주 오래전 조상들은 침팬지의 사촌이었잖니. 그런데 침팬지는 자신의 동포들을 먹기도 하거든. 하지만 식인 풍습을 입증하기는 아주 어려워. 어떤 고고학적 층위에서는 여기저기 흩어져 있는 사람의 뼈를 발견했지만, 그것이 식사의 흔적이라고 확신할 수는 없구나…….

그렇지만 어떤 예들은 불에 그을린 흔적도 있고, 동물의 뼈와 똑같이 다뤄진 흔적도 있는 것이 부서지고 긁힌 사람의 뼈라는 것이 알려졌지. 그것은 이런 풍습이 아마도 모든 시기에, 심지어 신석기시대처럼 우리와 가까운 시대에도 가끔씩 유행했음을 지적해 주는 것 같구나. 가장 설득력 있는 예 가운데 하나가 프로방스 지방의 퐁브레구아 동굴에서 내 친구 장 쿠르탱이 발견한 것인데, 약 7천 년 전의 것으로 추정되고 있지.

Q 기근이 들었을 때 식인 풍습을 행하였겠죠?

그럴 수도 있지. 특히 네안데르탈인들의 조상들은 말이야. 하지만 식인 풍습에는 다른 목적들이 있을 수 있단다. 그것이 친척이 됐든 적이 됐든 고인을 먹음으로써 그의 장점이나 힘을 자신의 것으로 만들 수 있다고 생각했거든.

Q 할아버지는 미술 역시 선사시대 사람들의 신앙을 더 잘 이해하게 해준다고 말씀하셨어요. 선사시대 미술이란 동굴 벽화를 말씀하시는 건가요?

그것뿐만이 아니란다. 집기 예술이라고 불리는, 물건들을 가지고 만든 예술품도 있고, 성인 남녀들이 찼던 장신구도 있지.

Q 모든 시대에 해당되나요?

아니. 가장 오래된 인류는 예술을 몰랐고, 그러니 몸치장도 몰랐던 게 확실해. 현생 인류에 이르러서야 그런 것들을 행하게 되지. 마지막 네안데르탈인들은 뼈와 상아를 가공해서 몇 가지 장신구를 만들었지. 욘 지방의 아르시쉬르 퀴르 발굴지에서 발견된 상아 반지나 구멍 뚫린 이빨들이 그것이야. 하지만 이런 행동들은 원래 기술과 창의력을 가진 현생 인류가 등장하고도 한참이 지나서야 나타난 것으로 알려졌거든. 당시 네안데르탈인들은 근 10만 년 전부터 치장도 없이, 예술도 없이 유럽에서 살고 있었어. 특별한 우연의 일치로 그들 자신이 이 모든 것을 뒤늦게 재발명한 것으로 간주하는 것보다는, 그들이 신세대들이 하는 것을 보고 그 영향을 받아 그들 나름대로 모방했다고 생각하는 편이 더 그럴듯한 것 같아.

Q 동굴 벽화들 말인데요, 그것들은 언제 그려졌죠?

이 분야 역시 현생 인류가 주인공이야. 가장 오래된 벽화가 쇼베 동굴에 그려진 것으로 3만 년이 넘었지. 앞으로 누군가 그보다 더 오래된 다른 그림들을 발견하게 될 거야. 확실한 것은 구석기시대 사람들은 마지막 빙하기가 끝날 때, 그러니까 1만1천 년 혹은 1만2천 년 전까지 바위와 피난처의 벽 위에 끊임없이 조각과 그림을 남겼다는 거야. 이는 이 모든 긴 세월 동안 똑같은 관습과 똑같은 형태의 종교를 유지했다는 걸 의미해. 비록 지역별로, 그리고 시대별로 몇 가지 변동이 있긴 했지만 말이야. 한편 그들이 항상 깊은 동굴의 칠흑 같은 어둠 속에 작품을 남긴 것은 아니었어. 특히 포르투갈과 스페인에서는 피난처의 햇빛 드는 바위 아래 그린 그림도 보았고, 심지어는 야외에 있는 바위에 그린 그림도 보았단다.

🔍 동굴 안으로 들어갈 땐 어떻게 불을 밝혔죠?

대개는 진이 나는 나뭇가지로 만든 횃불을 가지고 밝혔지. 때로는 이 횃불들에서 떨어진 숯들이 따로 보관되어 있기도 하단다. 그 경우 방사성 탄소 연대 측정법으로 연대를 추정할 수 있을 뿐만 아니라, 그것이 정확히 어떤 나무인가를 실험실에서 알 수 있지. 가장 흔히 사용된 것은 삼림 속에서 자라는 소나무야. 몇몇 시기에 구석기시대 사람들은 기름 램프도 사용했어. 그들은 오목한 돌멩이에 동물 기름을 담았는데, 그 돌멩이가 라스코 동굴의 램프처럼 아주 멋지게 재단된 것도 있지. 그 기름에 지의(地衣) 등으로 만든 심지를 한 개 또는 여러 개 담그고 불을 밝힌 거야. 이 불은 촛불보다는 조금 약한 빛을 발하지만, 어둠 속에서 움직이기에는 충분하고도 남았지. 가죽 호리

병에 여분의 기름이 있고 주머니에 지의가 있으면 몇 시간 동안 불을 밝힐 수가 있었지.

Q 물감은 무엇으로 만들었나요?

그들은 여러 기술을 활용해 그림을 그렸어. 조각이 아마 가장 흔할 거야. 암벽 표면이 단단할 땐 부싯돌로 바위에 조각을 했어. 표면이 부드러울 땐 뼛조각이나 나뭇조각, 또는 손가락으로도 했고. 그들은 또 착색 재료의 조각을 가지고 직접 붉은색이나 검은색의 그림을 그리기도 했지. 횃불에서 떨어진 숯이나 화덕에서 꺼낸 숯은 검정 연필로 쓰일 수 있었어. 그것을 우리는 목탄이라 부르지. 산화철을 주성분으로 하는 붉은색 바위 덩어리의 경우도 마찬가지야. 그것들은 자연에 있었으므로 아마도 일부러 찾아다녔을 거야. 결론적으로 말해 그들은 붉은색·검은색의 색 재료를 으깨고, 거기에 물을 섞어 액체로 만들어서 진짜 물감을 얻었던 거야. 손가락을 사용하기도 했고, 동물의 털로 만든 붓을 사용하기도 했어. 때로는 또 손을 암벽 위에 올려 놓고 물감을 입으로 불기도 했어. 그리고 손을 떼면 손자국이 하얗게 나타났지. 그게 스텐실 기법이야.

Q 손 말고 무엇을 그렸나요? 동물만 그렸나요?

아니. 동물이 가장 흔한데다 가장 볼만한 소재이고, 어떻게 보면 그들이 특히 좋아하는 주제인 건 사실이야. 가장 많이 그린 것은 말이지만 들소와 유럽 들소, 야생 염소, 순록과 사슴, 매머드도 많이 볼 수 있지. 사자와 코뿔소, 혹은 동굴에 사는 곰처럼 위험한 동물도 그려졌어. 그 수가 적고, 동굴과 시기에 따라 다르지만. 이런 무서운 종류들은 오리나시안 때에 가장 많이 나타났고, 그 후대에는 그보다 덜 나타나지. 새와 물고기는 모든 시대에 걸쳐 가장 보기 드물어. 그들은 선택을 한 거야. 이를테면 늑대·여우, 오소리 같은 동물들은 자연에 너무나 많은데도 너무나 멋지게 그려졌다는 것을 확인하면 기이하다는 생각이 들지.

동물들 말고도 항상 붉은 점, 선, 원, 직사각형, 여타 등등의 기하학적 표시들이 있다는 것도 확인할 수 있지. 우리는 그것들이 정확히 무엇을 의미하는지 몰라.

Q 그럼 사람은 그리지 않았나요?

사람을 표현한 것도 있긴 한데 그 수가 매우 적어. 사람의 손이나 성기, 흔히 여성의 성기만 따로 그린 그림을 빼면 약 1백여 개에 달하지. 상대적 희소성을 넘어 인간은 두 가지 주된 특징을 보이고 있어. 그들은 대개 불완전하게 표현돼 있지. 그리고 동물들과 달리 흔히 약간 과장되게 표현된 것이 별로 성공적인 작품들이라고 할 순 없어. 그건 솜씨가 부족해서가 아니야. 왜냐하면 다른 그림들은 너무나 잘 그렸는걸. 그러니까 그건 그들이 그렇게 그리고 싶어서였다는 얘기야. 우리는 또 그들이 식물·나무·경치는 전혀 그리지 않았다는 것도 확인할 수 있어.

이는 그들의 신앙에서 동물, 적어도 몇몇 동물이 주된 역할을 차지했다는 것을 의미해. 내세에 관한 초자연적인 힘을 상징한 것도 동물들이야. 그들이 살았던 세상, 즉 동물들이 우글거리는 세상을 생각하면 이건 별로 놀라운 일은 아니지······.

Q 벽화가 그려진 그 동굴들을 방문할 수 있나요?

아니. 그 동굴들은 대개의 경우 접근이 어렵거나 무너지기 쉬운 상태라서 보존을 위해 일반 관객에게는 문을 닫아걸었지. 오직 몇몇 전문가들만이 연구를 위해 들어갈 수 있지만 매우 조심해야 하지. 그런데 프랑스에는 방문이 허용된 동굴이 20여 개나 있어. 아이들도 들어갈 수 있지. 가장 큰 동굴들은 도르도뉴 지방(퐁 드 곰 동굴, 루피냐크 동굴——이 동굴은 너무나 커서 작은 열차를 타고 방문한단다!——, 그리고 베르니팔 동굴), 로트 지방(페크

메를 동굴, 쿠냐크 동굴), 피레네 산맥(니오 동굴, 베델라크 동굴, 가르가스 동굴, 이스튀리츠 동굴)에 있는 것들이란 다. 욘 지방의 아르시 쉬르 퀴르에도 하나 있지. 게다가 아주 잘 만들어진 복제품도 있어. 거기에 몇몇 동굴의 장식된 암벽들을 똑같이 재현해 놓고 동굴 예술이 무엇인가를 설명해 주고 있지. 라스코 제2동굴, 도르도뉴 지방에 있는 토의 정원, 아리에주 지방에 있는 피레네 산맥의 선사시대 예술 정원이 그런 예들이야. 그곳에서는 또 추진 장치 사용법이며 불 피우는 법, 부싯돌 자르는 법, 선사시대 사람들처럼 그림 그리는 법 등을 보여 주기도 하지.

Q 모든 종족이 동굴에 그림을 그렸나요?

아니. 모든 지역에 동굴이 있었던 건 아니니까. 따라서 동굴에 살지 않은 사람들이 그곳에 벽화를 그릴 가능성은 없었지. 동굴이 있는 곳이라도 그 동굴들이 모두 활용된 것은 아니야. 이 경우에도 마찬가지로 그들은 선택을 하였지.

Q 그렇다면 무엇 때문에 그림을 그리러 동굴에 들어 갔나요?

그들이 동굴에서 살지 않았다는 것은 전에 확인했지. 따라서 동굴에 들어간 것이 그들의 주거지를 장식하기 위함일 리가 없어. 게다가 그들은 많은 경우 접근하기 어려운 후미진 곳, 때로는 한 사람만이 겨우 들어갈 수 있는 좁고 구불구불한 길 끝에 조각을 하고 그림을 그렸거든. 그러니 이런 장소에서 수많은 참석자들과 함께 의식을 거행하기 위해 그런 행위를 하지는 않았겠지. 이것을 이해하려면 전통을 고수하는 민족들을 살펴봐야 해. 그러면 모든 대륙에서 동굴이란 존재는 맹목적인 두려움을 불러일으킨다는 것을 알 수 있지. 동굴은 신들, 영들, 죽은 자의 영혼들, 내세의 영향력이 존재하는 초자연적인 양상으로 인식되고 있단다.

Q 동굴이 두려움을 불러일으킨다면 거기에 가지 않았을 것 같은데!

아닌 게 아니라 아프리카나 다른 곳 사람들은 대개 그런 태도를 취했지. 그러나 어떤 민족들은 반대되는 태도를 취했단다. 그들은 일부러 영들을 만나러 지하 세계로 갔어. 그곳에 그들이 산다고 믿었거든. 그래서 그들과 접촉하여 삶의 큰 문제들에 대한 도움을 받고자 했던 거야. 이를테면 환자의 병을 낫게 해달라거나, 사냥이 잘되게 해

달라고 말이지. 의식들은 어떤 방들, 이를테면 라스코 동굴의 황소 벽화가 그려진 방에서 특별한 상황하에 전개되었을 거야. 그곳이 신성하고 마술적인 장소이니까 말이야.

Q 그렇다면 그림을 그리는 사람들이 마법사들이었나요?

우리는 그들을 마법사라 부르지 않고 샤먼(무당)이라 부르지. 그들은 내세, 혼백들과 접촉하는 전문가들이야. 우리는 대부분의 그림들이 아주 잘 그려졌다는 것을 확인했어. 아무나 그릴 수 있는 게 아니었어. 이는 다시 말해 그림을 그릴 사람이 정해져 있었으며, 그들은 어떤 교육을 받았다는 것을 의미하지. 그것들보다 서투른 다른 그림들은, 그들을 따라오거나 동굴에서 벌어진 제사에 참석한 사람들에 의해 그려졌을 거야. 이를테면 성인식을 한 아이들이나, 초자연적 힘을 받아 치유되기를 바라는 환자들 같은 사람들 말이지. 우리가 확인한 약간의 흔적들에 의하면 그들의 수는 그다지 많지 않았던 것 같고, 동굴 속에도 그렇게 자주 들어가지 않고 특별한 때, 심각한 경우에만 들어갔던 것 같아. 그리고 몇몇 동굴들(쇼베 동굴, 페크 메를 동굴, 몽테스팡 동굴, 튀크 도두베르 동굴, 퐁타네 동굴, 레조 클라스트르 동굴)에서는 점토질 토양에 찍힌 어

른과 아이의 지문들이 발견됐어. 다른 의식들은 대개 밖에서 거행된 것 같은데, 그에 관한 물질적인 자료들이 남아 있지 않구나.

Q 그럼 동굴 안에서 행해진 의식들에 관한 자료는 남아 있나요?

그래, 그들의 그림 방식은 그 사고 방식에 관한 정보들을 제공해 주고 있지. 우리는 많은 경우 그들이 동물들을 암벽의 틈이나 동굴 회랑에서 나오는 것처럼 묘사했다는 것을 알 수 있단다. 이 그림들 중 상당수는 바위 표면의 울퉁불퉁함, 움푹 파인 곳, 우툴두툴한 기복과 갈라진 틈들을 이용하고 있어. 그것을 보면 영들의 세계에 있다고 믿고, 그 영들이 언제라도 나타나기를 기대하던 이 사람들이 횃불이나 기름 등잔의 희미하게 너울거리는 불빛의 도움을 받아 실제로 바위에서 그들을 보았을 거라는 생각이 들어. 그림을 그리면서 그들은 영들의 힘과 접촉하고, 거기에 사로잡혔던 거야.

Q 그게 유일한 실마리인가요?

아니. 일부 벽화로 장식된 동굴의, 그림에서 멀지 않은 곳에 난 틈들 사이에 뼛조각들이 박혀 있었어. 때로는 많은 수의 뼛조각들이 박혀 있는 경우도 있었지. 그것들의 위치로 볼 때 상상할 수 있는 물질적 용도는 전혀 없거든. 가장 타당한 설명은, 그것 역시 동굴 벽 반대편의 손이 미치는 거리에 있는 초자연적인 세계와 관계 맺는 일과 연관됐다는 거야. 이는 오늘날 예루살렘에 있는 통곡의 벽 틈새에 기도문을 적은 종이쪽지를 끼워넣는 유대인들, 또는 예배당에서 기도나 감사의 봉헌물을 바치는 그리스도교도들과 흡사한 면이 있지.

Q 그런데 그 사람들은 정말로 우리와 똑같았나요?

틀림없이 그랬을 게다. 이 현생 인류는 우리와 같은 뇌, 같은 신경 구조, 같은 외모를 갖고 있었지. 그들의 정서와 감정, 그들의 본능과 두려움은 바로 우리의 것이었어. 그들에겐 컴퓨터도 자동차도 텔레비전도 전화도 없었지만, 그들의 것이었던 세상——지금 우리에게는 낯설고 위험해 보이지만 말이야——에서 잘 살려고 노력했어. 그들은 먹을 것, 입을 것, 그리고 자연의 힘, 위험, 죽음으로부터 그들을 보호해 줄 것을 찾아야만 했어. 그들의 신앙은 그들을 둘러싼 위험과 대면할 수 있는 용기를 주었어. 그들에겐 그들 나름대로의 사랑, 즐거움, 축제가 있었어.

그들은 우리의 조부모의 조부모의 조부모의…… 조부모인 거야!

Q 할아버지, 이제 선사시대에 관해 다 말씀해 주셨나요?

아니, 다 이야기하려면 아직도 멀었지! 선사시대는 어마어마한 기간 동안 인류에게 일어난 모든 이야기를 담고 있거든. 인간의 모든 활동, 우리와 같은 사람들의 활동과 그들 조상들의 활동까지 포함하고 있지. 너희들의 질문에 답하면서 이 할아버지는 긴 변화, 우리 조상들이 부딪친 갖은 어려움들과 그들이 발견한 해결책들에 관해 한 가지 사실을 알려 주고 싶었어. 너무나 일반적이고 간단한 것이긴 하지만 말이야. 그건 그들이 성공했다는 거야. 왜냐하면 우리가 여기에 이렇게 있으니까!

김교신
서강대학교 불문과 졸업
역서:《라틴 문학의 이해》《노동의 종말에 반하여》
《경제, 거대한 사탄인가?》《위기의 대학》
《문학은 무슨 소용이 있는가?》《맞불 · 2》
《행복해지기 위해 무엇을 배워야 하는가?》

현대신서
303

아이들에게 들려주는 선사시대 이야기

초판발행 : 2004년 5월 5일

지은이 : 장 클로트
옮긴이 : 김교신
총편집 : 韓仁淑
펴낸곳 : 東文選
제10-64호, 78. 12. 16 등록
110-300 서울 종로구 관훈동 74
전화 : 737-2795

편집설계 : 朴 月

ISBN 89-8038-817-9 04900
ISBN 89-8038-050-X (세트/현대신서)

소설로 읽는 세계의 종교와 문명

테오의 여행 (전5권)

카트린 클레망 / 양영란 옮김

★세계 각국 청소년 추천도서
★이달의 청소년 도서 (대한출판문화협회)
★98 올해의 좋은 책 (전국언론노동조합연맹)
★99 좋은 책 100선 (중앙일보사)

마음을 열고 영혼을 진정시켜 주는 책!
세상 끝까지 따라가는 엄청난 즐거움!
세계의 문명에 눈뜨게 해주는 책!
큰사람으로 만들어 주는 신의 선물!

　열네 살짜리 소년을 동행한 신화와 제식의 세계 여행. 불치의 병에 걸린 주인공 테오는 '지상의 수많은 사람들이 어떻게 신을 믿고 있는가?'에 대해 이해하려고 끊임없이 놀라워하면서 질문한다. 또한 독자들을 '신비의 세계, 보편주의의 세계와 종교의식의 세계'로 안내하면서 '순진한 아이'의 역할을 충실히 해낸다. '하늘과 땅을 연결시키기 위해' 인간들이 구축해 놓은 세계 곳곳의 성소들을 찾아 나서, 온갖 종교의 성자들과 친구들을 만난다. 그리고 그들이 '무엇을, 왜 믿는가'를 우리에게 들려 준다. 마침내 여행이 끝나면 우리는 '종교의 역사는 관용의 역사이기도 하다'라는 말을 이해하게 되고, 세계의 문명에 대한 균형된 시각을 가지게 될 것이다. 또한 짚더미에서 보석을 찾는 것처럼 세상의 모든 것들 속에 존재하는 '진실의 알곡'을 찾을 수 있다는 것도 배우게 될 것이다. 다시 말해 "야유하지 말고, 한탄하지 말며, 악담하지 말라. 하지만 이해하려고 노력하라"고 한 스피노자의 말이 우리의 것이 될 터이다.

《르몽드》

나비가 되어 날아간 한 남자의 치열하고도 아름다
운 생의 마지막 노래. 세상에서 가장 아름답고도 애절
한 이야기가 비틀스의 노래와 함께 펼쳐진다.

잠수복과 나비

장 도미니크 보비 / 양영란 옮김

장 도미니크 보비. 프랑스 《엘르》지 편집장. 저명한 저널리스트이며
두 아이를 둔 자상한 아버지. 멋진 말을 골라 쓰는 유머러스한 남자.
앞서가는 정신의 소유자로서 누구보다도 자유를 구가하던 그는 1995
년 12월 8일 금요일 오후 갑작스런 뇌졸중으로 쓰러졌다. 3주 후 의식
을 회복했으나, 그가 움직일 수 있는 것은 오직 왼쪽 눈꺼풀뿐. 그로
부터 그의 또 다른 인생, 비록 15개월 남짓에 불과한 '새로운' 인생이
시작되었다.

유일한 의사 소통 수단인 왼쪽 눈꺼풀을 20만 번 이상 깜박거려 15
개월 만에 완성한 책 《잠수복과 나비》. 마지막 생명력을 쏟아부어 쓴
이 책은, 길지 않은 그의 삶에서 일어났던 일화들을 진솔하게 묘사하
고 있다.

그러나 그의 이야기는 유머와 풍자로 가득 차 있다. 슬프지만 측은
하지 않으며, 억지로 눈물과 동정을 유도할 만큼 감상적이지도 않다.
오히려 멋진 문장들로 읽는 이를 즐겁게 해준다. 그리하여 살아남은
자들에게 희망과 용기를 주며, 삶의 그 모든 것들이 얼마나 소중한가
를 새삼 일깨워 준다. 아무튼 독자들은 이제껏 경험해 보지 못한 진한
감동과 형언할 수 없는 경건함을 맛보게 될 것이다.

《잠수복과 나비》는 출간되자마자 프랑스 출판사상 그 유례가 없는
엄청난 베스트셀러가 되었으며, 보비는 자기만의 필법으로 쓴 자신의
책을 그의 소중한 한쪽 눈으로 확인한 사흘 후 옥죄던 잠수복을 벗어
던지고 나비가 되어 날아갔다. 자유로운 그만의 세계로……

국영 프랑스 TV는 그의 치열하고도 아름다운 마지막 삶을 다큐멘터
리로 2회에 걸쳐 방영하였으며, 프랑스 전국민들은 이 젊은 지식인의
죽음 앞에 최대한의 존경과 애도를 보냈다.

東文選 現代新書 1

21세기를 위한
새로운 엘리트

FORSEEN 연구소 (프)
김경현 옮김

우리 사회의 미래를 누르고 있는 경제적 · 사회적 그리고 도덕적 불확실성과 격변하는 세계에서 새로운 지표들을 찾는 어려움은 엘리트들의 역할과 책임에 대한 재고를 요구한다.

엘리트의 쇄신은 불가피하다. 미래의 지도자들은 어떠한 모습을 갖게 될 것인가? 그들은 어떠한 조건하의 위기 속에서 흔들린 그들의 신뢰도를 다시금 회복할 수 있을 것인가? 기업의 경영을 위해 어떠한 변화를 기대해야 할 것인가? 미래의 결정자들을 위해서 어떠한 교육이 필요한가? 다가오는 시대의 의사결정자들에게 필요한 자질들은 어떠한 것들일까?

이 한 권의 연구보고서는 21세기를 이끌어 나갈 엘리트들에 대한 기대와 조건분석을 시도하고 있으며, 구체적으로 그들이 담당할 역할과 반드시 갖추어야 될 미래에 대한 비전을 제시하고 있다.

본서는 프랑스의 세계적인 커뮤니케이션 그룹인 아바스 그룹 산하의 포르셍 연구소에서 펴낸 《미래에 대한 예측총서》 중의 하나이다. 63개국에 걸친 연구원들의 활동을 바탕으로 세계적인 차원에서 우리 사회를 변화시키게 될 여러 가지 추세들을 깊숙이 파악하고 있다.

사회학적 추세를 연구하는 포르셍 연구소의 이번 연구는 단순히 미래를 예측하는 데에 그치는 것이 아니라, 미래를 준비하는 자들로 하여금 보충적인 성찰의 요소들을 비롯해서, 그들을 에워싸고 있는 세계에 대한 보다 넓은 이해를 지닌 상태에서 행동하고 앞날을 맞이하게끔 하기 위해서 이 관찰을 활용하자는 것이다.

東文選 現代新書 18

청소년을 위한 철학교실

알베르 자카르

장혜영 옮김

"무엇을 질문하고 어떻게 대답할 것인가?"

철학은 끊임없는 질문과 답변 가운데에 있다. 질문은 진리에 대한 탐색이요, 답변은 존재와 세계에 대한 해석이다. 우리는 철학을 통해 존재의 근원에 이른다. 이 책은 프랑스 알비의 라스콜 고등학교 철학교사인 위게트 플라네스와 철학자 알베르 자카르 사이의 철학 대담으로 철학적 질문과 답변의 과정을 명쾌히 보여 준다.

이 책에는 타인·우애·정의 등 30개의 항목에 대한 철학자의 통찰이 간결하게 살아 있다. 철학교사가 사르트르의 유명한 구절, 즉 "지옥, 그것은 바로 타인이다"에 대해 반박을 요청하자, 저자는 그 인물이 천국에 들어갔다면 그는 틀림없이 "천국, 그것은 바로 타인이다"라고 이야기했을 것이라고 답한다. 결국 타인들은 우리의 지옥이 아니며, 그들이 우리와의 관계를 받아들이려 하지 않을 때 지옥을 만들어 낸다고 말한다.

그렇다면 행복에 대해 이 철학자는 어떻게 답할까? "나에게 행복이란 타인들의 시선 안에서 스스로를 아름답게 느끼는 것입니다"라는 것이 그의 답변이다. 이 책은 막연한 것들에 대해 명징한 질문과 성찰로 우리가 새로운 질문을 던지고, 스스로 그 답을 찾을 수 있는 실마리를 제공한다.

東文選 現代新書 87

산다는 것의 의미 · 1
— 여분의 행복

피에르 쌍소 / 김주경 옮김

"삶을 어떻게 살아야 하는가?"라는 물음에 대한 해답찾기!!

인생을 살 만큼 살아본 사람만이 이에 대한 대답을 할 수 있을 것이다. 영원한 것은 아무것도 없고, 변화 또한 피할 수 없다. 한 해의 시작을 앞둔 우리들에게 피에르 쌍소는 "인생이라는 다양한 길들에서 만나게 되는 예기치 않은 상황들을 대비할 수 있도록 도덕적 혹은 철학적인 성찰, 삶의 단편들, 끔찍한 가상의 이야기와 콩트, 이 세상에서 벌어지고 있는 참을 수 없는 일들에 대한 분노의 외침, 견디기 힘든 세상을 조금이라도 견딜 만하게 만들기 위한 사랑에의 호소 등등 여러 가지를 이 책 속에 집어넣어 보았다"는 소회를 전하고 있다. 노철학자의 삶에 대한 깊은 성찰이 고목의 나이테처럼 더없이 선명하게 다가온다.

변화를 사랑하고, 기다릴 줄 알고, 바라보는 법을 배우고, 자기 자신에게 인내를 가질 수 있게 하는 이 책 《산다는 것의 의미》는, 앞서의 두 권보다 문학적이며 읽는 재미 또한 뛰어나다. 죽어 있는 것 같은 시간들이 빈번히 인생에 가장 충만한 삶을 부여하듯 자신의 내부의 작은 목소리에 귀기울이게 하고, 그 소리를 신뢰케 만드는 것이 책의 장점이다. 진정한 삶, 음미할 줄 아는 삶을 살고, 내심이 공허한 사람이 되지 않도록 우리의 약한 삶을 보호할 줄 알며, 그 삶을 사랑하게 만드는 것이 피에르 쌍소의 힘이다.

이 책을 읽어 나가는 동안 우리는 의미 없이 번쩍거리기만 하는 싸구려 삶을 단호히 거부하고, 자기 자신에게로 돌아와 찬찬히 들여다볼 수 있는 시간을 갖게 될 것이다. 그리고 자신만의 희망적인 삶의 방법을 건져올릴 수 있을 것이다.

東文選 現代新書 100

철학적 기본 개념

라파엘 페르버

조국현 옮김

우리는 모두 철학을 가지고 있다. 철학의 싹이 우리 속에 있기 때문에 우리는 철학을 할 수 있다. 물론 보편 정신의 철학은 발전되지 못했을 뿐만 아니라 때때로 잘못되어 있다. 이러한 사실을 놓고 볼 때 철학 외적인 입장이 아닌 철학적 입장에서 철학을 교정할 수 있다는 점이 중요하다. 우리는 철학을 밖에서 바라보기 위해 철학 밖으로 나갈 수 없다. 마찬가지로 우리 일상철학의 옳고 그름을 판단할 수 있는 척도를 제시할 특정한 관점을 얻으려고 철학 밖으로 나갈 수도 없다. 보편 정신은 오히려 스스로 이러한 척도를 세워야 하며, 자가 교정을 위한 요소들을 자신으로부터 찾아내야 한다. 여기에 딱 들어맞는 말이 있다. 언어에 대해서 말하기 위한 언어 밖의 관점이 존재하지 않는 것처럼 철학에 대해서 철학하기 위한 철학 밖의 관점이 존재하지 않는다. 철학 밖에 철학적 입장이 존재하지 않는다는 점에서 철학하기의 필연성이 도출된다. 아리스토텔레스는 다음과 같은 딜레마를 통해 철학하기의 필연성을 역설한다. 철학을 할 필요가 없다는 것을 증명하려면 철학을 해야 한다. 따라서 인간은 어떤 경우에도 철학을 해야 한다.

이 책은 철학을 공부하는 학생과 철학에 흥미를 느끼는 일반인을 위한 작은 사고력 훈련 학교이다. 저자는 철학적 기본 개념인 '철학' '언어' '인식' '진리' '존재' 그리고 '선'의 세계로 독자를 안내한다. 저자는 철학의 내용 · 방법 그리고 철학적 요구의 문제에 대해서 알기 쉬우면서도 수준 높게 접근한다. 이 책은 철학 입문서이며, 동시에 새로운 관점에서 플라톤 철학과 분석 철학을 결합시키려고 시도하는 저자의 체계적인 사고 과정을 보여 준다.

東文選 現代新書 113

쥐비알

알렉상드르 자르댕

김남주 옮김

아버지의 유산, 우리들 가슴속엔 어떤 아버지가 자리하고 있는가?

정신적 지주였던 아버지에 관한 자전적 이야기인 이 작품은, 소설보다 더 소설적인 부자(父子)의 삶을 감동적으로 담아내고 있다. 자녀들에게 쥐비알이라는 애칭으로 불렸던 그의 아버지 파스칼 자르댕은 여러 편의 소설과 1백여 편의 시나리오를 남겼다. 그 또한 자신의 아버지, 그러니까 저자의 할아버지에 대한 소설 《노란 곱추》를 발표하였으며, 이 작품 또한 수년 전 한국에 소개된 바 있다. 하지만 자유 그 자체였던 그의 존재 이유는 무엇보다도 여자를 사랑하는 일에 있었다. 그의 진정한 일은 여인을 사랑하는 것이었다, 특히 자신의 아내를.

그는 열여섯의 나이에 아버지의 여자친구인 거대한 재산 상속녀의 침대로 기운차게 뛰어들어 그녀의 정부가 되었으며, 자신들의 관계를 기념하기 위해 베르사유궁의 프티 트리아농과 똑같은 저택을 짓게 하고 파티를 열어 그의 아버지를 초대하는가 하면, 창녀를 친구로 사귀어 몇 달 동안 하루도 거르지 않고 서너 차례씩 꽃다발을 보내어 관리인으로 하여금 그녀가 혹시 공주가 아닐까 하는 착각에 빠지게끔 만들기도 하였다. 그런가 하면 자신의 어머니의 절친한 연인의 해골과 뼈를 집 안에 들여다 놓고, 그것이 저 유명한 나폴레옹 외무상이었던 탈레랑의 뼈라고 능청스레 둘러 대다가 탄로나서 집 안을 발칵 뒤집히게 하는 등, 기상천외한 기행과 사랑의 모험을 한순간도 멈추지 않았다. 심지어 죽어서까지 그의 영원한 연인이자 아내였던 저자의 어머니에게 끊임없이 무덤으로부터 열렬한 사랑의 편지가 배달되게 하는가 하면, 17년이 지난 오늘날까지 그의 아내를 포함하여 그를 사랑했던 30여 명의 여인들을 해마다 그가 죽은 날을 기해 성당에 모여 눈물을 흘리게 하여, 그가 죽음으로써 안도의 숨을 내쉬었던 그녀들의 남자들을 참담하게 만들기도 하였다. 스위스의 그의 무덤에는 하루도 빠짐 없이 지금까지도 제비꽃 다발이 놓이고 있다.

東文選 現代新書 108

딸에게 들려 주는 작은 철학

롤란트 시몬 셰퍼
안상원 옮김

★독일 청소년 저작상 수상(97)
★청소년을 위한 좋은 책(99, 한국간행물윤리위원회)

작은 철학이 큰사람을 만든다. 아이들과 철학을 이야기하는 것이 요즘 유행처럼 되었다. 아이들에게 철학을 감추지 않는 것, 그것은 분명히 옳은 일이다. 세계에 대한 어른들의 질문이나 아이들의 질문들은 종종 큰 차이가 없으며, 철학은 여기에 답을 줄 수 있다. 이 작은 책은 신중하고 재미있게, 그러면서도 주도면밀하게 철학의 질문들에 대답해 준다.

이 책의 저자 시몬 셰퍼 교수는 독일의 원로 철학자이다. 그가 원숙한 나이에 철학에 대한 깊은 이해를 가지고 자신의 딸이거나 손녀로 가정되고 있는 베레니케에게 대화하듯 철학 이야기를 들려 주고 있다. 만약 그 어려운 수수께끼를 설명한다면 어떻게 할 것인가를 모형적으로 제시하고 있다.

철학은 우리의 구체적인 삶과 멀리 떨어져 있는 삶이 아니다. 우리가 사용하고 있는 말이란 무엇이며, 안다는 것은 무엇인가. 세계와 자연, 사회와 도덕적 질서, 신과 인간의 의미는 무엇인가 등 철학적 사유의 본질적 테마들로 모두 아홉 개의 장으로 나누어 이야기하고 있다. 쉽게 서술되었지만 내용은 무게를 가지고 있어서 중·고등학생뿐만 아니라 대학생과 성인들에게 철학에 대한 평이한 길라잡이가 될 것이다.

東文選 現代新書 148

철학 기초 강의

프레데릭 로피

공나리 옮김

철학하기는 언제나 위험한 일이다. 불경함 때문에 죽은 소크라테스의 음산한 그림자는 사라지지 않았다. 성가시고, 기묘하게 문제 제기된 질문들, 마음을 괴롭히는 의문들과 신랄한 아이러니, 언제나 이런 것들이 철학이다.

스스로 생각하기, 이것이 바로 핵심 단어이다.

하지만 이러한 사유의 자율성은 획득되어야 하는 것이다. 그것은 하나의 의견이나 선입견, 혹은 여론이 아니다.

모순이 있다면, 스스로 생각하기 위해서는 생각하는 법을 배워야 한다는 것이다. 다른 사람들이 던진 질문에 의해 번민하도록 스스로를 내버려둘 줄 알아야 한다. 거기에서 자신을 잃어버리거나, 혹은 유행하는 결과물들에 굴복하지 않아야 한다.

따라서 이 책은 가장 고전적인 스무 개의 문헌들을 소개하고, 그것들을 이용하여 고등학교 졸업반 교과 과정의 핵심적인 주제들과 개념들을 생각하게 만든다. 산만함을 지양하면서 이 책은 철학적인 텍스트를 어떻게 읽는가를 보여 주고, 또한 여러 관념들에 대해 질문하기 위해 철학 텍스트를 어떻게 이용해야 하는가를 보여 주고 있다. 간단하고도 강력한 이 책은 철학하기를 원하고, 또한 고등학교 졸업반 수험생이 갖추어야 할 핵심 사항을 얻고자 하는 이들에게 귀중한 도구가 될 것이다.

東文選 文藝新書 101

중국역대명언경구집

가결 歌訣

李宰碩 편역

　사람들은 흔히 처세나 수양이나 건강 등에 관한 명언이나 경구들을 붓으로 써서 서재나 응접실 같은 곳에 붙여두거나, 또는 수첩이나 비망록 같은 곳에 적어둔다. 그 이유는 이것들을 수시로 보며 마음에 새기기 위해서일 것이다.

　중국의 고대 문헌 중에서 명언이나 경구는 浩如煙海라고 할 만큼 많다고하는 것이 주지의 사실이나, 이를 〈歌訣〉로 엮은 것은 그렇게 쉽게 접할 수 있는 것이 아니다.

　〈歌訣〉은 원래 〈口訣〉이라고 하는데, 불가나 도가에서 구두로 전수하는 도법 혹은 비술의 요어를 말한다. 후에는 암기하기에 편리하도록 사물 내용의 요점에 근거해서 편성한 韻文 및 비교적 整齊된 문구를 모두 〈歌訣〉(또는 〈訣歌〉· 〈訣語〉)이라고 지칭하게 되었다.

　〈歌訣〉은 표현이 간결하고 의미가 함축적이며 운율을 가지고 있어 기억하기가 쉽다는 등의 특징을 가지고 있다.

　본서는 고대 중국 문헌 속에서 명언이나 경구라고 할 수 있는 것들을 모아 哲理·修身·論政·讀書·處事 등 23가지 주제별로 분류하였으며, 이를 모두 4언·5언·7언의 〈歌訣〉 형식으로 재구성한 것이다. 따라서 서예인들의 훌륭한 공구서로서 뿐만 아니라 일반 교양인들에게도 더할 나위 없는 수신서가 되고 있다.

東文選 文藝新書 243

행복해지기 위해
무엇을 배워야 하는가

알랭 우지오 [외]
김교신 옮김

아니, 행복해지는 법을 배울 수 있기라도 한 것일까? 행복하지 않다면 그 인생은 실패한 인생이란 말인가? 그리고 실패한 인생은 불행한 인생이고, 이는 아니 삶만 못한 것일까? ……현대인들은 과거의 그 어떤 조상들이 누렸던 것보다도 더한 풍족함 속에서도 끊임없이 '행복에 대한 강박증'에 시달린다. 행복은 이제 의무이자 종교이다. "행복하라, 그렇지 않으면……"

프랑스 개혁교회 목사인 알랭 우지오의 기획아래 오늘날 프랑스에서 가장 영향력 있는 22명의 각계의 유명인사들이 모여 "행복해지는 법'에 대한 지혜를 짜 모았다.

- ■ 실패로부터 이익을 끌어낼 수 있을까?
- ■ 고통은 의미가 있을까?
- ■ 행복해지는 법을 배울 수 있을까?
- ■ 신앙은 삶에 도움을 줄 수 있을까?
- ■ 자신의 감정을 두려워해야 할까?
- ■ 더 이상 희망이 없을 땐 어떻게 살아야 할까?
- ■ 타인을 받아들이는 법을 배울 수 있을까?
- ■ 자기 자신을 사랑하는 법을 배울 수 있을까?

마지막으로 알랭 우지오는 행복해지기 위한 세 가지 기술을 제시한다. 먼저 신뢰 속에 살아 있다는 느낌, 그 다음엔 태평함과 거침없음, 그리고 마지막으로 삶에 대한 단순한 사랑으로 '거저' 사는 기쁨. 하지만 이 세가지 중에서 가장 중요한 것은 변명도 이유도 없는 것에 대한 사랑, 삶에 대한 사랑이다.

東文選 文藝新書 2001

우리 아이들에게
어떤 지표를 주어야 할까?

장 뤽 오베르 / 이창실 옮김

가족이 해체되고, 종교와 신앙·가치들이 의문에 부쳐지고, 권위와 교육적 기준들이 흔들리고 있다. 오늘날 전통적 지표들이 동요하고 있는 것이다. 그런데 아이가 밝고 건강하게 자라기 위해서는 반드시 지표들이 주어져야 한다. 그렇지 못할 경우에 극단적인 태도로 기울어질 위험이 있기 때문이다.

교육심리학자이자 여러 저서의 저자이기도 한 장 뤽 오베르는, 아이들과 부모들에 대한 일상의 관찰에 힘입어 다음의 질문들에 대답하고 있다.

- 갓난아이, 어린아이, 청소년에게는 어떤 지표들이 반드시 필요한가?
- 아이를 과잉보호하지 않고 어떻게 안심시킬 수 있을까?
- 왜 다른 교육이 필요한가?
- 청소년기의 위기 앞에서 어떻게 반응해야 할까?
- 건전한 지표들과 불건전한 지표들을 어떻게 구별할 수 있을까?
- 무엇이 아이에게 강한 정체성을 부여하는 것일까?
- 쾌락과 관련된 지표들이 어떤 점에서 중요한가?
- 아이들은 신앙을 필요로 하는가?

본서는 부모들의 필독서로서, 그들에게 반성의 실마리 및 조언을 주어 자녀들이 절대적으로 필요로 하는 지표들을 제공할 수 있도록 한다. 그리하여 아동이 속박이나 염려스러운 불분명함 속에 방치되는 일 없이 교육을 통해 적절한 균형을 찾을 수 있도록 도와 준다. 또한 현재와 미래의 행복한 삶을 위한 성공의 조건들을 하나하나 제시해 나간다.

東文選 文藝新書 2002

상처받은 아이들

니콜 파브르

김주경 옮김

　우리가 유년기를 아무리 구름 한 점 없는 행복한 시기로 꿈꾼다고 해도, 그 시기가 우리의 바람처럼 언제나 낙원인 것은 아니다. 유년기 속에는 여러 가지 함정, 크고 작은 시련들이 숨겨져 있다. 아이는 이러한 것들 덕분에 자신을 튼튼히 세워 가기도 하고, 또한 이러한 것들 때문에 상처를 입을 위험도 있다.

　가정과 학교에서 어른들은 때때로 아이들에게 아픔을 주기도 하고, 그들의 고통스러운 외침에 귀를 닫기도 한다. 또 곁에 없는 부모로 인해 상처를 입은 아이가 생기는 것은, 아이에게 그 부모의 빈자리를 제대로 설명하지 못했기 때문이다. 뿐만 아니라 어떤 사실에 대해 아이에게 전혀 말을 하지 않고 비밀을 만드는 것은 아이를 무력하게 만들며, 삶의 의욕마저 앗아 갈 수 있다. 아이의 허약한 육체나 질병도 삶에서 심리학적인 문제를 가져올 수 있다. 유년기에는 이처럼 찔리고 터지고 깨지고 찢어진 온갖 상처들이 존재할 수 있다. 그런데도 흔히 우리는 아이가 표현할 수 없는, 혹은 표현할 줄 모르는 고통 같은 것은 옆으로 제쳐 놓기 십상이다.

　담임 선생님을 싫어하는 파비앙, 어머니의 비극적인 죽음을 가슴에 묻어두었던 상드라, 침묵에 짓눌린 프랑크, 뱃속에서부터 이미 손상되었던 세브랭의 경우 등을 통해서 정신분석가 니콜 파브르는 상처가 밖으로 표현됨으로써 아물어 가는 것을 보여 주고 있다. 그녀는 치료 과정에서 심리요법이 하는 역할과 아이가 정신분석가에게서 구할 수 있는 도움을 놀랍도록 섬세하게 설명해 주고 있다. 시련이란 일단 극복되고 나면 균형잡게 자라도록 받쳐 주는 개성을 이루는 하나의 흔적이 될 수 있기 때문이다.

자기를 다스리는 지혜

한인숙 (東文選 편집주간)

■ 500여 명의 성공인들이 털어놓은 증명된 지혜

흔히 사람들은 돈·명예·성공을 바라 마지않으면서 그것을 얻는 데에 필요한 지혜를 먼 곳에서만 찾으려 한다. 남보다 더 먼저 더 멀리 나아가야 더 많은 것을 얻을 수 있다고 생각한다. 그러나 알고 보면 그 지혜란 것은 의외로 가까운 우리 곁에 있다.

여기에 실린 글들은 모두가 이 시대 각 분야에서 나름대로의 성공을 거둔 이들의 입말에서 그 엑기스만을 가려뽑아 묶은 것들이다. 따라서 옛 시대의 공허한 논리가 아니고, 또한 금방이라도 떼돈을 벌어 줄 것만 같은 비아그라 같은 처방약도 아니다. 보통 사람이 감히 흉내낼 수 없는 고도의 전문적인 지식을 필요로 하는 그런 것은 더더욱 아니다. 오히려 누구나가 당장이라도 실천할 수 있는 극히 단순한 것들이며, 이미 그 **성공이 입증된 이 시대의 살아 있는 지혜**들이다.

본서는 1981년부터 지금까지 23년에 걸쳐 메모해 온 것들 중 여러 신문과 잡지들에 실린 수천 명의 성공한 인물, 혹은 화제의 인물들과의 인터뷰 속에서 철학이 담긴 말들을 엮은이가 가려뽑아 묶은 것이다. 학자, 사상가, 과학자, 재벌회장, 시인, 소설가, 종교인, 경영인, 음악인, 배우, 가수, 자원봉사자, 식당주인…… 등등 각 분야에서 나름대로의 성공을 거둔 이들의 **체험에서 우러나온 삶의 밑천이 된 진실된 '말 한마디'** 를 모았다.

널리 알려진 위대한 성현들과 대학자들의 수많은 명언이나 격언들은 제외하였다. 대신 실제 체험에서 우러나온 살아 있는 입말들 중 이 시대에 그 효용이 확인된 말들만 가려 모은 것이다. **같은 말이라도 누가 했느냐에 따라 그 신뢰성과 현실감의 무게가 달라지기 때문**이다.